此生借過

賴於廷

人間癌關行走，陪伴姊妹們重生的志工路

疼惜每顆受傷的心，姊妹們陪伴的力量！

服務圓夢的過程，我幫到的不只是別人，
也藉此彌補過往需要幫助的自己。

Contents

／ Part *1* ／
起初，連我自己都不相信自己！

18年前，罹患了乳癌，失去了婚姻，但我站得比以前更直。
曾經，一度以為癌細胞轉移，朋友的及時送暖，重拾對人
性的信任，敞開禁錮已久的心門。

/ Part 2 /

水裡來，火裡去，沒人可以摧毀妳！

醫院是我的道場，人間是我的水火。我告訴自己，再怎麼苦都可以撐過去，轉化生命中的病苦死傷，原來都是水與火的試煉。

Contents

/ *Part* **3** /

最後，我們都哭了

妳說，這是我們的故事。沒錯，這是姊妹之間的陪伴心情，
疼惜每顆受傷的心，大笑一場、大哭一場，日以繼夜地用
力記著。這份離去，於是有了延續的存在。再次翻開故事，
發現妳還在……

/Part **4** /
此生借過，我在人間癌關行走

走過生病歷程，蛻變成一名志工助人的角色，在每個陪伴的經驗中，看見更多溫暖美好的生命火光。「聊心的交給我，醫病的交給專業醫生！」服務圓夢的過程，我幫到的不只是別人，也藉此彌補了自己，希望更多受傷的心，受到愛惜，得到力量！

【各界名人推薦語】

西方諺語有云：「如果上天給你顆又酸又澀的檸檬，就把它榨成杯檸檬汁吧！」於廷不僅加了蜂蜜和冰塊，使其變成可口的飲料；她更幫助分享給眾多正在道路上艱苦前行的旅伴，令人感佩。

——中國醫藥大學附設醫院放射腫瘤科主任
梁基安

走過病痛，用同理心陪伴關懷姊妹，是位積極、樂觀、陽光，傳送溫暖的抗癌鬥士。
祝福於廷的新書可以鼓勵、鼓舞更多姊妹。

——社團法人中華民國乳癌病友協會理事長
黃淑芳

於廷不吝嗇分享罹癌經驗，體貼癌友，募集頭巾、營養品、轉介有經濟急難的癌友予社福機構連結，一個人猶如行動社工，默默串起癌友所需平台，服務姊妹 10 多年，身上擁有太多姊妹感人的故事了。

相信多才多藝的於廷，用她生動文筆，絕對完勝市面上癌病心情故事書！

認真的女人最美麗，勇敢蛻變，為自己美麗，恭喜於廷活出精彩的玫瑰人生。

——台中市開懷協會第 9、10 屆理事長、第 11 屆理事
黃麗月

勇敢展化生命羽翼，未來之路無限光彩，堅定感恩的真信念，擁抱投入就是希望。

——中國醫藥大學附設醫院乳房外科主任、

臺中市圓緣關懷協會理事長

劉良智

從脆弱中出發，走上助人之路

文／癌症希望基金會副執行長　戚繼玲

　　「精明外顯，氣勢攝人」，是我對於廷的第一印象，所以在人群中，你很難不注意到她的存在！

　　然而，她的溫暖、勇氣、文筆，如果你不停下腳步，駐足細品，是沒有辦法領略癌症為她開啟了多麼豐厚的智慧。

　　每個癌症病人，除了正規治療之外，還有一個重要的療癒過程：「重視自己、接納自己、肯定自己。」於廷從脆弱中出發，在邁入康復過程中探索體驗、接觸成長並轉化助人，多年來她以自己的簡單風格幫助及陪伴無數檯面下的癌友，即使面對挫折，擦完淚又繼續走下去，這份堅持，令人動容。

　　當我精疲力竭時，會以於廷當明鏡，持續在這條助人的道路上走下去。

　　謝謝於廷，有妳真好！

戰勝癌症的勇女與善士

文／中國醫藥大學醫學院臨床醫學研究所講座教授、
中國醫藥大學暨醫療體系董事 許重義

　　人生可能面臨最慘痛的悲劇就是得癌，在醫療發展不斷突破創新的世紀，心臟病與中風死亡率在過去 60 年都下降約 50％，但是癌症死亡率仍然居高不下。即使有了最先進的治療方法，例如以目前最高階，也最昂貴的，自付費用約兩千萬台幣，以精準醫學為本的個人化免疫治療（CAR-T）為例，治癒率也只有三成。所以談癌色變仍然是民眾的口頭禪。

　　如何面對得癌的悲慘命運，如何承受癌症帶來的身心痛苦，帶給親友的各種壓力，治療過程種種副作用的折磨，與面臨癌末的終局慘境，更是癌症患者必須經歷的人生最嚴苛之挑戰。

　　於廷是一位戰勝乳癌的勇女，在打敗乳癌後的 19 年中，她發揮最受我們敬佩，人性最善良、溫暖、愛心，全心全力投入扶助癌症患者的神聖志業。每一位正在抗癌的病人，除了手術、放射線治療與化療之外，最需要的就是心靈的慰藉與鼓舞。有積極抗癌的決心與鬥志，是正規治療之外，打敗癌症很重要的機制。

　　耶魯大學一位外科醫師 Dr. Bernie Siegel，原本以開刀治療癌症為本業。有一次為一位癌症患者開刀，打開腹腔，發現腹膜填滿癌細胞。他就放棄手術，將肚皮縫合，告訴這位病人已是癌末，請他退院回家，準備後事。這位病人讓 Dr. Siegel 訝異的是，他很堅強，很有毅力的回覆：「您沒有辦法，我自己來！」這位病人的態度，讓 Dr. Siegel 印象很深刻。

　　8 年後，Dr. Siegel 在大賣場居然遇到這位早已被他判

死刑的病人。Dr.Siegel 深受震撼，反思他為這麼多癌症病人開刀，到底有何療效？他回去整體檢驗所有經過他開刀的癌症病人，得到一個結論：「癌症診斷後，經過他開刀的病人中，心態愈正向樂觀的癌症患者，活得比較長久，癌症開刀治療中悲觀，並且喪失抗癌毅力的病人，多存活不久。」Dr. Siegel 的結論是：手術治療效用不大，癌症病人抗癌的心志，才是決定存活率的重要因素。Dr. Siegel 因此放下屠刀，立地成佛，寫了一本 *Love, Medicine and Miracles*，可以翻譯「愛心、醫療與奇蹟」，以癌症外科醫師的身份倡導以正向心靈對抗癌症，會產生的驚奇力量。

　　這本書的主旨是：「無條件愛護自己的正向心態，是最強有力啟動體內免疫系統的力道，愛就會把自己治好。」書中並敘述自我治癒癌症真人真事的奇蹟，發生在具有自我愛護的癌症病人身上。癌症病人要有積極的愛護自己的意志，並配合醫師的治療，治療癌症的奇蹟就可能實現。

　　Dr. Siegel 不只深信個人正向觀念與愛心有治癒癌症的力量，並且實事求是，放棄外科醫師專職，從此開始積極宣揚癌症病人要以正向樂觀的愛心與積極的生活行動來打敗癌症。Dr. Siegel 的創舉也引起醫界對身心正向互動，提昇健康狀態，並且產生克服癌症的發現，形成一個治癌的新領域，啟動身心靈狀態對健康影響的一個新的醫療研究，連哈佛大學的旗艦醫院（Massachusetts General Hospital，麻省總醫院）都在實施身心靈醫療與研究。

　　Dr. Siegel 的正向身心靈互動，可以克服癌症的創念，與實務參與協助癌症病人，啟動自我的愛心與提昇治癌的功效，因有具體成效，他的著作 *Love, Medicine and Miracles* 不只是一本暢銷 20 多年的書，他也因此被選為全球 20 位身心靈大師之一。

癌症是一種多樣化的惡性疾病，我們每個人身體內都有癌細胞。日本有一個很有名的研究，因意外事故往生的小朋友作全身解剖，身上都有癌細胞。我們身體內的癌細胞何時失控，大量繁殖，形成惡性腫瘤，仍是醫界研究癌症成因與防癌、治癌的重要議題。

　　現已有足夠的醫學證據，顯現身體的免疫力是防範癌細胞失控，大量繁殖致癌的最重要機制。惡性腫瘤產生時，除了現有的正規治療之外，如何經由正向的身心互動，提昇免疫力，作為防癌與治癌的另類策略，已有廣泛的研究。但是癌症種類繁多，一種米養百種人，身體免疫力與身心互動狀態，因人而異。

　　於廷作為一位難得戰勝癌症的勇女，也是積極正向扶持癌友的善士。於廷的積極、樂觀、正向克服逆境的心態。在打敗極難治療的乳癌之後，更全心全力投入幫助癌友克服癌症，以及積極協助克服得癌後衍生的諸種困境。

　　這是從此永遠跟癌症說再見的最佳策略，也是於廷貢獻給癌友與尚未得癌的眾生，脫離癌症，避免產生眾多人間得癌悲劇最有力道的善行。

推薦序 三

溫柔而堅定的心靈

文／中國醫藥大學醫學系及生物醫學研究所副教授　許儷絹

　　10 幾年前，我在中國醫藥大學開設「病人關懷與實踐」課程，因緣際會認識了賴於廷小姐，結下綿綿長長的緣分！

　　於廷姊第一次來做病友心路歷程的分享，至今仍歷歷在目。當時於廷姊火紅的唇、時尚裝扮、高跟鞋等等，展現冷豔時尚的外表和精明幹練的風格。然而，在分享的過程裡，我們不只聽到癌症病友親身經歷的痛苦，更跟著走進於廷姊的人生故事，經歷復發轉移的恐懼、婚姻與家庭關係的多重打擊，在絕望無助的谷底，勇敢站起來、重新找到人生的價值，活出自己的新生命！

　　這場生命故事的分享，對心靈的衝擊前所未有，讓在場所有人都淚流滿面，久久不能自已！而這樣的分享，也讓我的學生們豐富了生命的內涵，體驗到最真實深刻的生命歷程，能夠從病友的角度同理他們的感受和困境，打心底產生對生命的關懷。我相信我的每個學生都將成為仁心仁術的好醫生！

　　多年來，於廷姊和我變成最好的朋友，我喜歡她帶來的分享，也透過她認識多位病友志工。於廷姊以親身的經歷，投入癌症病友的志工，握住每一位病友姊妹的手，幫助許許多多病友面對病痛，重新調整生活適應，找回自己的人生。

　　每一次，我都著著實實體認到生命的挑戰從不間斷，而生命也不斷地成長、茁壯著。每個人的生命際遇或許不同，慶幸上天沒有給我這樣的試煉，感謝於廷姊讓我更珍惜家人和身邊所有的朋友們。

生老病死是人生必經的歷程，癌症其實並不可怕！希望於廷姊的故事，讓素未謀面的朋友們也都能有所啟發、有所頓悟，只要妳／你願意，身邊總有溫暖的關懷。也希望每個人都能找到屬於自己的新生命，溫柔而堅定地向前走！

　　我想這是於廷姊衷心的期盼，也是上天賦予於廷姊的任務！

　　於廷姊，謝謝妳！

前言 /
借過人生，
陪姊妹們走過抗癌之路！

　　2018 年 1 月 25 日，是我北上參加台灣癌症基金會在 101 舉辦「2017【癌。讓愛更圓】圓夢計劃」記者會的日子。

　　由於不太熟悉高鐵乘車路線，一早走進太原車站的時候，試圖詢問一位帶著小孫子的年輕阿嬤，但她並沒有理我。

　　我不死心地再攬問一位外表看起來極為樸實的女子，她很熱心的指引我：「妳等等上階梯之後，選擇南下或北上，再依靠手機下載的軟體，確認車次跟時間，到月台上就按照車票資訊選擇坐 A 或 B 側⋯⋯。」

　　記得她是要搭往新竹，與我反方向，於是鞠躬向她道謝。

　　我想她從來不會知道，一時的善行，可能會影響別人的一生⋯⋯。

　　寫到這裡，看似有些浮誇，但事情真真實實的經過就是這樣。

第三度披上婚紗，把自己嫁給自己
　　時間快速跨越到同年的 12 月 8 日，應邀以友會的身份，參與台中市開懷協會 107 年度的歲末聚餐活動當中，壓軸婚紗禮服的走秀節目。

　　身上穿著一襲女兒為我準備的寶藍色禮服，個子非常嬌小的我，知道那件美麗的禮服裙擺，可能帶來絆倒的風險。

於是，我在裙襬的下端縫上一條釣魚線，因為釣魚線容易刮傷手，於是把母親曾經載在手上20年的遺物——鑽石戒指，一端繫上釣魚線後再戴在手上，作為牽動裙舞飛揚時的那個力量。

因著母親及女兒的愛，支撐著我勇敢的展現自我，當我踏上紅毯，麥克風傳來主持人介紹：「賴於廷，罹癌至今18年……。」隨著一襲寶藍色禮服走上舞台，台下響起如雷掌聲，有如孔雀展翅，也似鬥魚自然舞動的魚尾。

這個時刻，我是美麗且驕傲的。

第一次，在將近400人的公開活動裡，沒有怯場，卻是我第三度穿上禮服，不為別人，把自己嫁給了自己。

我相信，18年的癌後存活期，對於許多癌友來說，是多麼大的鼓舞呀！此時的我，既非孔雀，也不是鬥魚，我只是串連母親、女兒予我的愛，盡情揮灑出自然飛舞的弧度，一次一次，展示重生的姿態。

同樣的自己，從迷路到幫人帶路

時間再往後推至12月24日，一大清早，預計搭乘高鐵8：08的車前往北部出版社，進行新書討論和簽約。

同樣先到火車站轉乘區間車，搭往太原通新烏日的月台上，站著一位老太太，手中提著一盒伴手禮，神情略帶驚恐猶疑，嘴中念念有詞，細聽後似乎在尋求幫助。

「我要去桃園，現在要去搭高鐵，通往新烏日的月台應該站在哪一邊？」

「我也是要去高鐵站，妳跟著我就可以了。」我見無人理會，立刻停下腳步，走過去，跟她說，得到一句輕輕的謝謝。

　　也許沒有人會相信，上次也是在這裡搞不清東南西北的我，因一名好心女子的指點迷津，如今才有能力在此協助別人，不至於走錯路。

　　「從階梯上來的時候，先分辨一下妳要南下或北上，然後選擇月台。到達月台之後就看車班表……，跑馬燈上會顯現車次，還有時刻表。接下來車子到達的時候，妳要確認車的班號……，真的看不清楚就問一下旁邊的人……。」我放慢速度說。

　　順利坐上了區間車，她才終於鬆了口氣，暫時放下手心的禮盒，彷彿心頭重擔也跟著卸下來。
　　「我 70 歲了，上個月才拜別了一個兄弟，所以決定跟住在桃園的姊姊，一起到台北看另一位手足，帶個伴手禮比較不會失禮啊。」她敞開心房對我說。
　　我笑笑的看著她略顯沉重的紙盒，這是指紋薄、沒有摩擦力的我，已經沒辦法輕易做的事了！
　　上了車，博愛座上坐著一位阿嬤和小學生，那名小男孩的五官非常立體可愛，外套遮住了他的學校及名字，我開口對他說：「小帥哥，可不可以把你的書包拿起來，借這個阿嬤坐坐？」
　　「不要麻煩小孩了，站一下就好了！」老太太低聲害羞地說。

　　結果那名小帥哥，不僅僅是書包，連人都站了起來。
　　「人長得好，態度又好，跟阿姨說你是哪個學校的，給我名字，阿姨可以打電話去學校，請學校給你嘉獎喔，真是好優秀的小孩。」我開口稱讚他。

搶先到站後，他笑著揮手告別。這名乖巧懂事的小男孩，讓那一天的開始，有了朝陽般的溫度。

「把鐵軌鋪好，總有一天，火車會來……。」規律的行進間，我想到自己生病前後，從人生迷途中慢慢找到前進的方向。

抵達新烏日站時，我和老太太互道再見。

未來，也許沒有機會再搭同一班車，但是謝謝這個緣分，讓我發覺當一名「引路人」，是何等幸福的一件事！

人生只是借過，珍惜路過的陪伴

罹患癌症使人變得謙虛，癌症也迫使我毫不留情重新檢視生命。

粗魯、軟弱、遺憾及半途而廢，這些都是我過去不光彩的一面。

「如果真的活了下來，我要成為怎樣的人？」當我讀著《重返艷陽下》這本電影小說時，這句話令我不斷反思，而我，又會變成什麼樣的人？

我想，老天讓我歷經比別人多的波折，必然有其道理，因為癌症讓我不斷地學習，而後突破自己，蛻變成此刻——我所喜歡的自己。

「很抱歉，妳的檢驗報告是惡性的……。」當醫生宣判的時刻，那時如果有人在前方引路、陪伴著，對於恐懼、對於無知的未來，至少不會孤單。

一般人對於癌症避之唯恐不及，但我曾罹患癌症，更在因緣牽引之下，投入了志工行列，成了生命中最大的轉捩點。

當時，拜通訊軟體風行之賜，我大膽地首創了——以陪伴癌症病友為前提的癌症關懷 Line 群組，也因為這樣的貼近，

群組中的人同病相惜，這些人真實地與我的生命相互交融著。

陪伴姊妹的過程，一路走來已經 10 多年了，從中不斷地看見過去的自己，那些曾經牽手、擁抱的姊妹已難以計數，每個人都有著曲折血淚的生命故事。

透過陪伴經驗、專業人士的訓練，還有自己努力的微調，才能在脆弱無助，或是極度缺乏安全感，而顯示出極端自信的病友身邊，讓她們可以放下戒心，敞開心懷，與我分享生命裡的悲歡離合、喜怒哀傷。

此生借過，生命短暫，我們都只能互相陪伴，走一段路而已。

一直在想，重生後的自己，可以為別人留下些什麼？

於是，有了書寫的契機，用最平實的陳述，捨棄華麗的言語跟詞彙，這本書不單單只是寫我自己，還有一群辛苦的朋友們在成功抗癌後，回歸原來的生活軌道，至於已經離世的姊妹，雖不免令人感傷，但這段路程的抗病歷程與堅強勇氣，將永遠烙印在陪伴者的心中。

我期待，這是一本帶給人們希望與溫暖的禮物，能夠讓此刻正在閱讀這本書的朋友們，能夠從他們的身上看見自己，重新思考、定位生命，把愛與善傳遞出去。

感謝所有相遇的人——

人生只是借過，且讓我在迷失、尋路的不安中，陪你走一段。

【聲明】

　　本書故事依據志工陪伴情節編寫呈現，
每篇人物皆為化名，若有雷同，純屬巧合。

Part 1

起初，
我連自己都不相信自己！

18 年前，罹患了乳癌，失去了婚姻，但我站得比以前更直。

曾經，一度以為癌細胞轉移，朋友的及時送暖，重拾對人性的信任，敞開禁錮已久的心門。

01

罹癌後，
扭轉人生的關鍵時刻

我沒有時間自怨自艾
我要比任何人都勇敢、堅強
因為「罹癌」這個事意
讓我明瞭「女人當自強」

2001 年 6 月 20 日，這一天，天很藍，但空氣中，瀰漫著令人幾近窒息的氣味。依約前往陳達人醫師的門診，得到的結論一如自己的臆測——惡性腫瘤。天地依舊如常運轉，而我的人生頓時改變！

我沒哭，以為自己可以應付得了。

手術後做化療，夫家要我離婚

在家人的反對下，我仍執意隔日即住院進行手術，算是幸運吧！只切除了腫瘤，得以保留乳房。猶記得術後清醒的第一件事，便是請家人為我擦上紅通通的口紅，只為了不想讓人看出我的憔悴病容。

這樣的倔強，讓我堅信治療中的種種困難，一定可以迎刃而解。然而，想得容易，事實不然。隨著化療次數的增加，我的身形消瘦，雙眼無神，頭髮掉光，我不敢面對這樣的自己，夫家的人，也是。

還記得每一次打完化療，我總是一個人沿著樓梯一層一層的「吐」下來（自費的止吐針，對我而言毫無作用），回到家，也只能繼續躺在床上，在狂吐五天五夜，甚至連說話的力氣都沒有。我捨不得看娘家父母心疼我的眼淚，總是選擇獨自面對痛苦。

但我真的太虛弱了，以至於夫家的人以為我將「不久於人世」，執意在我與癌症對抗的時候放棄我！他們希望沒生兒子的我，能「高抬貴手」讓丈夫有傳宗接代的機會。當時的我，一點對抗的力量都沒有，於是在我最需要親人照顧的時候，只有一個人獨自面對、獨自生活。沒有健康的身體、沒有錢、沒有未來！每一天，天亮了，睜開眼睛，都不知道自己該怎麼活下去。身體上的折磨、被「遺棄」的痛苦，煎熬得我體無完膚。

為了愛我的人，獨自修護心傷

打化療時認識了秀玉姊，知悉我的情形後，向我伸出最溫暖的手，不斷地為我加油打氣，甚至還背著我偷偷打電話給我娘家的媽媽，要她防備我想不開。其實，我怎麼沒有想過要一了百了？但我想到不愛我的人，不會因為我的自殘而心痛，但愛我的人呢？我不能讓娘家父母、兄弟姊妹及我的女兒面對我的懦弱，於是在化療的同時，我也慢慢修護自己的心傷。

我沒有時間自怨自艾，我要比任何人都勇敢、堅強，因為「罹癌」這個事實，讓我明瞭「女人當自強」。曾經我以為的「天」、「一切」，在經歷波折時，並不可靠，我終究只能靠自己。

當身體恢復得差不多之後，我著手重整人生，評估了自己的體力與能耐，選擇了屬於我的事業。現在的我，既工作愉快，身體也很健康。

眼淚流乾了，學會自立自強

重點是，我學會了珍惜自己！曾經，我沮喪地問天，為何給我那麼多的磨難及挑戰？罹癌的為何是我？一位師姊輕描淡寫地說：「年輕罹癌，不是更有體力去面對治療嗎？妳曾經忽略的身體，現在給妳機會善待它！」一句話，令我豁然開朗。

走過這一段，眼淚不知流了多少，很辛苦，但很值得。我得到了成長，學會了用不同於以往的觀點去看待事物與人生，也學會了「放下」。我為自己感到驕傲，心底深處，經常覺得自己就像毛毛蟲，已蛻變成一隻美麗的蝴蝶。

雨停了，我還在……

　　夫家認為罹癌的我，應該會比較早離開人世，反諷的是，正值壯年的前夫卻先走了。

　　我望著他的遺照說：「我是你陽世的髮妻，我跟你道謝，謝謝你留了一個孩子與我作伴；我要和你道歉，這20幾年來的不愉快，到此結束；我和你道愛，這輩子你是我的初戀，也是唯一；最後和你道別，正式告別與你的所有緣分。」

　　司儀說，家屬不用答禮。那一刻，愛恨全無。我頭也不回地轉身離開，正式展開下一個生命旅程。

02

海膽飯，
感心的幸福

品嚐了美味的「海膽飯」
嚐到的是香甜的滋味
是珍惜的心意
是幸福的味道……

0306，這是屬於我的幸福密碼。

2009 年 3 月 6 日看例行報告時，醫師告知骨頭攝影、超音波、X 光、肝功能等一切正常，但癌症指數 CA-125 數值異常偏高（較之前竟高出五倍多），因此 CA-125 要再追蹤檢驗。當下，我慌了，不知如何反應我的驚嚇。在與癌症和平相處的 8 年後，難道它轉移了嗎？

一封簡訊，傳來真心的陪伴

隨即，我告訴李醫師，我要放棄所有的檢查、治療，因為我沒有做化療的勇氣及走下去的必要。不記得那天是如何走出診間的，也還來不及調適心情，便有朋友來電關心詢問檢查報告的結果。我哭了，實話實說：「不太好耶！」我哭的是，報告真的不理想，而且我沒有這樣的心理準備。

這位當時還無法稱作為「朋友」的朋友說：「怎麼會這樣呢？現在有人在旁邊陪妳嗎？讓我陪妳聊聊。……我買海膽飯給妳吃！」但是，不習慣讓人「即時」分擔情緒壓力與眼淚的我，懦弱地逃避了。

下午 1 點多時，我收到一封沒有署名簡訊寫著：「如果要吃海膽飯，要預定喔！」發送者是一個不熟悉的號碼，我發呆似的看了它許久許久……。突然間，無法抑制的眼淚瞬間潰堤，溼了我的眼、我的衣，以及所在的餐廳。狂哭後，我破涕為笑，因為伴隨著可愛圖案傳送來的不僅僅是善意、是關懷，還有我真心需要的「陪伴」。

見面那一天，老天似乎也配合著我的心情，沒有停歇地下著大雨。

「好冷喔！」我說。

「喝杯熱茶就不冷了啊！」他這麼回答。

喝了茶，暖了身，向前一步，我就看見了「夢寐以求」的

「海膽飯」。認真、仔細的端詳它許久，儘可能想記得它的樣子。嚐了一口，苦！腥！冷！配合著酸楚的心，無法形容的感受。再吃一口，淚不聽使喚的狂流，但它暖和了我的心。

聽見了內心深處的願望

我嚐到「感動」的滋味，不是因它的價值，也無關它的美味與否，重要的是，那是我期待一輩子所渴望的心情。自認不是要得到糖果的小孩，於是在人生道路上自動放棄了當要糖小孩的樂趣及幸福，但內心深處多麼希望有人聽得見我的聲音。「海膽飯」就是我要的「糖」，而他，聽見了！

在得知可能是癌症轉移的這一天，他完成了我「心」的渴望。他說，曾見我觀看《生命最後一個月的花嫁》時，顯現對人性的極度不信任，於是在我需要陪伴的此刻，他希望可以成為我的朋友，成為支持我的力量。對於我想放棄治療的想法，他亦給予尊重。

「決定權在妳，每個人都是自己的主人，只有妳才有權利決定自己如何活下去！」當然，他也不忘提醒我把檢驗報告弄清楚再擔心。

我只想說，陪伴加「海膽飯」稀釋了心情上的疼痛，給了我被疼惜、被關懷的感受，以及想活下去的能量。我真的被感動了，因為貼心，因為溫暖。

虛驚一場，開啟分享的大門

歷經 3 個月的身心折磨（豈止是擔心而已），以及進行包含正子攝影的反覆檢查後，慶幸最終的結論是虛驚一場，感覺自己又重生了一次。在體會自己幸運的同時，我開始學習將禁錮許久的心門打開，與人分享我的故事及感動。

某日，在健康生活學習中心遇見詹美姊，我看見她眼裡少見的脆弱，詢問後，她透露出對姊姊身體不適的擔心及不捨。她問：「該如何面對癌症可能已經轉移的親人？我能夠為她做些什麼呢？」

我將這些時日的心情轉折、感受以及被開導的心得，還有「海膽飯」的故事與她分享。我說：「給妳姊姊她想要的，而不是妳想給的，她會很感動；陪伴她、聽她說話，這樣就夠了！」

我以為這只是一次不經意的對談，當再次見到詹美姊，我讚美她眼裡顯現的光彩。

「我喜歡妳現在的模樣，活力重現喔！」我跟她說了這麼一句，她突然滿臉淚水，認真的謝謝當時與她分享「海膽飯」的故事。

原來，那天聽完故事後，她陪著爸爸吃了一餐好吃的日本料理，也品嚐了美味的「海膽飯」。在他們的感受裡，嚐到的是香甜的滋味，是珍惜的心意，是幸福的味道。她也終於有勇氣去見她所疼惜的姊姊，因為她要及時給姊姊想要的，以及愛！我感動於她的感動，分享一個「感心」的故事，原來可以如此幸福。

後來，我送給志工隊長一個「海膽飯」的故事，以及一碗素的麵線，在他生日那一天。他問：「為何如此費心呢？」我想，害怕沒有下一個生日機會的我，希望曾在我心上領受到的那份感動，能夠藉由善良的隊長將被關愛的幸福傳遞出去。

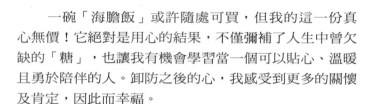

雨停了，我還在‧‧‧‧‧‧

一碗「海膽飯」或許隨處可買，但我的這一份真心無價！它絕對是用心的結果，不僅彌補了人生中曾欠缺的「糖」，也讓我有機會學習當一個可以貼心、溫暖且勇於陪伴的人。卸防之後的心，我感受到更多的關懷及肯定，因此而幸福。

曾經，無法理解「生命慶幸疼痛，逆境也是生命中的一種幸運」這一句話，此刻我想，如果沒有經歷人生波折，怎麼遇得見你？我又如何能感受到此刻擁有的幸福呢？

03

慈悲，
最美的善終

一個人、一個故事、一個感動
我不斷地流淚卻不覺得傷感
即使片中的主角們皆已離開人世
但他們臨終之際
被細心而仁慈的養得著
有了無遺憾的笑

　　在見證我一直陪伴的病友簽署「預立安寧緩和醫療同意書」當下，我的心裡真的很掙扎。是殘忍？還是慈悲？兩種力量的拉扯，著實為難了我。

　　我沒有哭！儘管無法避免沉重的傷感及不捨，最後還是依了她的心意，當了見證人，完成她早已決定的「心願」。

為了病友姊妹，深入了解安寧

　　雖然對於「安寧療護」早已有所耳聞，但身為癌友的我，即使擔任醫院的癌友關懷志工，依舊有著我無法靠近、觸碰的部分。臨終、安寧療護、安寧病房……，與癌症太過接近，使得我忍不住逃避，始終無法面對的區塊。

　　然而，為了讓病友姊妹能夠不留遺憾地完成心願，也為了要對我簽名見證的同意書負責，我首次有了「需要」更進一步了解安寧療護的想法。

　　某日，志工隊長邀約支援「生命幽谷・伴我行」世界安寧日的宣導活動，心中不由得悸動，怎會如此巧合？

　　我問：「追思會？活動內容會讓人哭嗎？我超愛哭的欸！」

　　他笑著說：「因人而異啦！如果妳為難，就不要勉強啊！」

　　我隨手拿起服務台上的活動簡介看著，心想「未註生，早已註死」、「生死相依」、「生命本就無法逃避死亡」，那麼，害怕有用嗎？拒絕碰觸就能避開嗎？人，終究要面對死亡的，不是嗎？在看似因緣俱足的此時，或許是時候深入了解關於「安寧療護」的種種資訊了吧！

　　活動當天，依約前往會場，大廳裡播放著柔和的音樂，五彩繽紛的氣球及鮮花佈滿會場，如此溫馨的感覺，稀釋了自己預設的感傷氛圍。活動背景中，那朵美麗的太陽花微微

散發出溫柔的光芒，即使它底襯下的「生命幽谷‧伴我行
——安寧療護追思會」藍色大型標題仍帶給我些許壓力，但
炫目於太陽花向四面八方投射出的溫暖，此時此刻，我感受
到對臨終生命的尊重，以及對善待臨終生命的期待。

　　舞台邊，活潑可愛的小朋友們反覆練習即將上場表演的
舞蹈，在他們身上看得見生命的力與美，相對於活動宣導主
題「臨終安寧療護」，是有著極端對比的反差。生死一線之隔，
生與死果真沒有距離啊！

　　陸陸續續有許多民眾前來索取安寧療護說明書及安寧病
房的簡介，甚至領取「預立安寧緩和醫療同意書」，我佩服
他們的勇敢，讚嘆他們的智慧，如此貼近死亡的邊界，竟一
無畏懼。

每個人的故事，都是一個感動

　　活動中，林文元醫師向大家介紹關於安寧病房的訊息，
以及對安寧療護的期望；長期在安寧病房給予臨終病患及家
屬支持力量的慧哲法師，也分享著病房裡感人的陪伴故事；
會場重複播放著《媽媽的臉》動畫版以及剪輯自安寧病房的
活動片段——慶生會、先生為結髮一輩子，卻未對她說一聲
「我愛妳」的妻子縫製一個愛的布包、寵物活動、母親節、
卡拉 OK 大賽等。

　　一個人、一個故事、一個感動，我不斷地流淚卻不覺得
傷感。即使片中的主角們皆已離開人世，但他們臨終之際，
被細心而仁慈的善待著。透過大螢幕看著他們的眼神，如此
真心的笑，了無遺憾的笑。我為他們的幸福而感動，也為安
寧志工的勇敢陪伴而感動，並且深感佩服。

　　長笛演奏家，也是志工的梅大哥，配合著影片的播放吹奏出一首首悠揚樂曲。他以《聖母頌》為在場所有人祈願、祈福，用音樂撫慰著失去親人者的感傷，疼惜著受了傷的心。有幸在場的我，邀請一位與會的美麗小姐共享這份以音樂傳遞的感動及幸福，當時的心，很暖。

簽下名字，確定做了對的決定

　　在安寧療護的宣導活動中 透過安寧病患家屬的淚水、故事的分享及對親人的思念及感恩，我得以看見安寧病房裡的真實樣貌，那兒不是如我先前所想像的那般灰暗而令人感到恐懼；那兒聚集著許多善心的人，交流著真摯和溫暖。

　　在社工師與護理長的講解下，我也終於明瞭安寧緩和療護所謂的「放棄急救」並非字面上單純的放棄，並非還能救治，醫師或病人就自行選擇放棄醫療行為，而是必須經過數位醫生聯合診治確認後，認為已無法再施行有助於延續生命的有效醫療，在病人已簽署預立放棄急救同意書的前提下，方才不再進行沒必要的醫療行為（例如插管等），讓病人得以有尊嚴的選擇並善待自己的臨終時光，同時決定自己永遠離開的方式，不必承受無謂的痛與苦。

　　這時，我終於確認對於這位病友而言，我做了對的事。
　　我，無需再掙扎。我，幫助她完成了她的選擇。
　　我可以絕對的坦然去面對她。
　　我很感恩她的智慧及信任，成就了這個因緣，也因而成長，感恩成就這個因緣的所有一切。

雨停了，我還在……

　　當安寧療護宣導活動結束之後，心中升起了一些感悟──當我們可以選擇有智慧的方式離開，對自己、對家人其實都是一種善待；當我們可以選擇有尊嚴的方法離開，對自己、對親人都是一種慈悲。

　　有人性、慈悲地對待臨終者，這就是安寧療護的心意。

04

有**他**在，
就有了**安心**的力量

「張醫師說他會呆！」
母親的眼裡有著期待
期待一個「安心」的力量
一個救贖的依靠
我也總算安了心

因應醫院政策，我在「健康生活學習中心」值班的最後一天，看著時間慢慢接近，緩緩的穿上志工隊的黃色背心，難捨的看著這個伴著我成長的地方。

「他會來」，安定母親無措的心

剛擺完櫃檯上的資料夾及衛教宣傳單張，就有位美麗的媽媽慌亂地前來求助：「拜託妳！幫我聯絡兒童心臟科的張正成醫師好嗎？求他救救我的孩子！我的兒子在學校昏迷，現在急診中。他是張醫師長期的病人……拜託！請幫幫我，幫我找他！」

情況看來有些危急，當下告知我的為難：「除非醫師正在診間看診，否則志工是沒有醫師的聯絡方法或電話。抱歉喔！」看見她臉上的失落與藏不住的恐慌，仍然盡力為她詢問了相關單位。同樣身為母親，我能理解，更能體諒她此時的心情，因而設法尋得了與張醫師聯絡的管道，並與他接上線。

無奈，此時母親接到急診室的來電，孩子需要立即插管，還來不及留下病人的姓名或病歷號碼等資料，她就急忙趕往急診室。電話兩頭，徒留我與張醫師的連線，竟只能無言。連聲向張醫師道歉，請他等待我的後續消息。

匆忙地自癌症中心大樓趕赴急診，查得資料後讓孩子的媽媽與張醫師通上話，安定了她早已不知所措的心。

「張醫師說他會來！」母親的眼裡，有著期待，期待一個「安心」的力量，一個救贖的依靠，我也總算安了心。看著孩子此時由急診醫師們全力照料中，母親也有學校老師陪伴著，於是我拍拍母親的肩膀，請她耐心等待，相信急診醫師會盡心照顧她的孩子，吉人自有天相！我會為他祈禱。

值完了班，不放心的又去關心一下這位心臟插管的孩子，

母親欣然告知張醫師果真如他的承諾趕來急診探望他們的消息，我的心感受著濃烈的溫暖，由衷感恩他聽見我的求助，聽見患者家人的請求，不僅在電話中安撫了家屬的情緒，甚至立即前往急診室關懷正承受著痛苦的病患，安慰一個母親的紛亂心情。

聽見需要，予人溫暖

我不認識張醫師，但我感謝他，他給了我們溫暖且圓滿了一個母親的期待。「聽見需要、予人溫暖」，醫者的最佳典範，我想，他做到了。因著此事，我更加地相信，在這座白色巨塔裡，處處有溫暖的人、溫暖的心！

目送救護車載著這個正承受著痛苦的孩子，緩緩開往兒童病房的那一刻，看著安心的父母，以及急診室裡的景象，人生的喜怒哀樂，在這裡真真實實上演著。與病患家屬安慰、道別的那一刻，轉過身去，心中真是百感交集。面對人生無法避免的「無常」，我放任淚流，但真心的感恩今日所有不幸故事當中的「圓滿」。

離開醫院時，我的心情從早先的失落轉化為滿懷感動。

雨停了，我還在……

　　我想，「緣」，隨因緣轉，今日關閉的一扇小窗，或許讓我們有機會去開啟另一扇大門啊！而那門外，會有蔚藍的天空，綻放的花朵，等待著我們，就如同此時我們所看見的美麗。

05

未註生，先註死，
　　預演生命告別式

外公外婆的離開
對母親而言
是回到了遠遠的娘家
再也看不見愛她的父母
對我而言，死亡意味著
永遠失去了復養的可能……

從小長大的地方，台中市殯葬所就在附近。

「看到喪事就趕快跑，不然要把眼睛移開不要看。」自有記憶開始，父母親都會這樣說。

從小被如此教育著，死亡，是碰不得的禁忌。

生命中，第一次親近死亡

印象中第一次的死別，就是外公。

高大威武，總是在我們冬季回到山上外公家的時候，他會把我的手放在他的手心裡的小暖爐上面烤熱，然後去摸摸他的鬍渣。

這是記憶中第一次感覺被愛的幸福。

小學二年級時，阿公往生，那時候的我還不知道什麼是死亡，只看見大人們在拜拜，然後不停地在哭。

然而，我沒有參加喪禮。

一個月之後，外婆也過世了，大人們總說因為他們兩人感情很好，「ㄔㄨㄚ」走了（這是民俗的說法）。小學時期的我只知道母親說 3 天要做一次七，對於住在都市的母親來說，要回到遙遠的雲林縣古坑鄉，這是一條漫漫長路，帶著心碎埋葬過去的路程。

母親沒有停止過失去雙親的心碎與悲傷，她無法理解罹患肺疾的外婆明明告訴她：「憨查某囝仔，要是我會死，昨天晚上就死了，今天好好的，不會死的……。」

母親撫摸著阿嬤的臉，從額頭、鼻子、人中、下巴、手心，不管怎麼搓揉，都只是冰冷的，怎麼樣都再也搓不熱。

29 歲就茹素的外婆，如願地盤著蓮花坐，在那張搖了幾 10 年的藤椅上離開人世。

沒讀過書的阿嬤，終身都在山區為人免費接生，行人間菩薩道，可離世的時候，並不輕鬆，於是母親說：「她修了

一輩子，走時不好走，我寧願妳去當基督徒，也不希望妳成為佛、道所謂的師姊。此刻，我對母親這段話的理解是：外婆的死亡斷裂了她與娘家親密關係的連結，這是她過度傷心的結論，她不希望我茹素，和外婆一樣辛苦。

　　喪禮過後，我們問：「媽媽，您為什麼總是哭泣？」
　　母親總是會回：「以後妳們就會懂……。」
　　父親這方沒有親人，於是外公外婆的離開，對母親而言，是回到了遙途的娘家，再也看不見愛她的父母，娘家即使有七個兄弟，但父母不在了，家是空的，再也無法圓滿。
　　對我而言，則是永遠失去了被愛的可能。

母親的喪禮，見證了柔和的一生

　　直到 2001 年罹患癌症，以為很快就會離開人間，但我那麼堅韌地活到了現在；母親，卻於 2010 年的重陽節當天，因為急性心臟梗塞而離世，一直做好離開人間準備的我還活著，反而是沒有任何徵兆的母親，就這樣毫無預期地離開了。
　　已經在醫院擔任志工的我，不能說絕對接受這一天一定會到來，但相對優勢是在我知道當「這一天來臨」的時候，懂得立刻請從小一起長大的好朋友騎摩托車來接我回家換長褲，方便跪拜；懂得要趕快回家拿化妝品，讓母親美美地離開。
　　和母親體溫的最後記憶，是她在彌留期，我為她戴上她生前最喜歡的觀音，當她的脖子上還有一點點溫熱的時刻。

　　因為在醫院擔任志工，結了許多善緣，在加護病房外，醫院裡面的大人物看見我都自動前來協助。於是，母親的最後一段路，除了母親身體受苦之外，醫療端軟硬體都非常善待我們，讓我非常地感謝。
　　不脫俗的照著民俗程序走，我是已經嫁出去且離婚的女

兒，只能協助而不能決定。

　　母親最後的妝容和記憶中相去甚遠，母親最愛美了，在告別式上，我們三姊妹都施薄妝沒上色，看母親最後一眼的時候，我從靈堂上面摘了朵白色蘭花別在頭上，也取了一朵放在母親身旁，感動的是，幾乎來參加告別式的人都跟著我們送上一朵花給母親。

　　母親是位溫柔恭儉讓的女子，在記憶中，沒有生氣罵人的模樣，總是隱忍他人的挑釁與謾罵，在背後無人的時候不斷落淚。我不捨，甚至是不甘願她這樣。

　　喪禮，見證了她的柔和，好人緣的一生，但也因此讓我對自己的告別式有了想法。

未註生，先註死

　　每趟旅程，都有終點，人生也是如此。

　　父親總是把「未註生，先註死」掛在口中，小時候總以為老人才會死，當我罹癌時，才驚覺死亡如此靠近。

　　當時，好用力、努力的活著！活著，是淚水灌溉身體的苦痛，和心裡的痛苦，才能站起來繼續活著。

　　2009 年，當 8 年後的疑似轉移，在夫家不願意接受生病狀態的我，以及不要女兒的狀況下，下定決心終結了被擱置的婚姻。

　　考量想讓女兒擁有可以自由翱翔的天空，也不願造成娘家人的負擔，即使癌症病人可以捐贈的器官有限，我還是簽下了同意書，並且希望死後可以將大體捐給醫學院。此後，每當我經過中國醫藥大學急重症大樓的那片牆壁時，總會在此駐足停留，想像我的歸處，我的名字可能就會在這些格子裡。

　　如果有一天，即將往下一個旅程靠近，那麼，不想要由別

人來主導我的告別式，想要呈現屬於自己的獨一無二。

　　這一天，想邀請所有關心我的朋友們，希望他們來見我的時候，可以送給我一朵他們心中屬於「賴於廷」的花。我希望他們可以對我說心中的話，如果是感恩的語句，我會很感謝；如果是我對不起對方的，我會希望有一個說對不起的機會；愛我的人，可以來擁抱我。當然，也可以寫詩給我，我特別喜歡。我希望參與者都可以盡情表達他們的情緒，不論是哭或是笑，為自己勇敢一次，呈現完整的自己。

　　現在，我已順隨因緣挑出一張最喜歡的照片，準備放在告別式的會場，以最美麗的姿態告別這世界。至於，各位送來的花，希望離開的人可以從這些花裡面，選一朵喜歡的、代表自己的花，把傳給我的愛，再傳給另一個愛我的人。

雨停了，我還在……

　　生前告別式的理念，不一定每個人都可以接受，但我期盼趁我還能看見你們的時候，聽聽你們想對我說的話，讓借過的此生，圓滿。

　　因為知道自己的最終在何處，所以安定，心定之後，更能明瞭，一直到往生前的這一段路程，皆僅是風景。

06 / **練習告別**

我是幼蝴仰望著母親的夢啊
也許媽媽覺得我是聰明的小孩
不想要讓我有驕傲的機會
但她終究未能明瞭身為她的孩子
在這件事情上面的挫折感⋯⋯

前天，母親娘家的大表哥突然往生了，大弟從中國打電話回來訴說著，對於我們這一代兄弟離開的悵然與失落。

我和他談談過去的記憶，大弟在電話那一頭哭著，而我相對理智地告訴他：「不管你認不認可，『練習告別』這件事情，我已經走了好久、好久了……。」

善良的母親，卻對我不夠溫柔

我重新翻出來了七舅舅結婚時的全家福，記憶突然飄回很小很小的時候。

姊姊一直都是漂亮、被疼愛的小女孩，和我這乾乾瘦瘦的黃毛丫頭，有絕對的反差。

記憶慢慢變得鮮明，就在山上古老的土角厝廚房裡，大人們在談論想要把我分給家中沒有女孩的二舅舅家，小時候並不知道這件事情是真的還是假的，只覺得自己要被遺棄了。

「不要把我送給別人……。」即便那個人是舅舅，我也不願意。只記得當時我一直哭一直哭，媽媽總是說我是家中最醜又最愛哭的孩子，難道是這個原因，才要把我送給別人嗎？

就算到了現在，這件事仍影響我最深。有次，一名腫瘤心理師在為我們做塔羅牌測驗時，我抽出了一張關於母親的牌，看見了他臉上的詫異。

「居然是一支寶劍插著一條白蛇，地面上都是血……。」接著，心理師要我談談我的母親。

「母親是全村莊最漂亮的女人，我羨慕她，她很善良，從不和人說三道四，也不與人惡言相向，可是，她總說我是最醜的小孩，我不知道——我那麼乖，什麼都會做，什麼都學著做，只想要被爸爸媽媽摸摸頭，為什麼他們疼的從來不是我？為什麼不愛我？」我有些激動，讓資源中心的所有人員都被我的反應嚇壞了，說實在的，把這些話說出口之後，

我也被自己嚇壞了。

我怕蛇，為什麼我挑中的這張牌偏偏是一條白蛇，他們把門鎖了起來，那一天中午的休息時間，陪著我，讓我說完關於母親的故事。

我是如此仰望著母親的愛啊，我從來不覺得媽媽疼我，直到她不在了，慢慢地開始理解也許媽媽覺得我是聰明的小孩，不想要讓我有驕傲的機會，但她終究未能明瞭身為孩子的我，在這件事情上面的挫折感，直到 38 歲，我在外面擺攤做生意的時候，我的客人跟對我肯定的話語，才有機會讓我面對自己，其實，我沒那麼糟……。

母親離開後，我始終想起她最後還可以自由行走的記憶，我帶她去看醫生，發現她的鬍子變長了，我幫她刮掉鬍子，她總說美女才會有鬍子，我幫她塗上了口紅，梳好頭髮，騎著摩托車帶她去離家 10 分鐘路程的中醫診所。

回程的路上，她捏著我的肚子說：「太瘦了，多長一點肉吧！」她因為糖尿病而發胖的身體，抱著我瘦弱的身軀，我讓她的手交疊在我的肚子上。

「我真怨嘆，我的小孩都這麼乖，怎麼都這麼歹命？」她說。

我摸摸她微微涼的手：「媽媽妳真會教，我們都不是無情人，是他辜負我們，不是我們辜負人……。」

媽媽落淚，我在機車駕駛座上感傷，「找個有緣人照顧妳吧……。」媽媽最後低聲說道。

「媽，現在我身邊都是好人，很多人會照顧我，妳不用煩惱啦！」

因為愛她，所以放手

母親在生命中最後一哩路的階段，其實有經過在急診室的插管急救，而後推往心臟科要去做心臟支架，並且預定要在住院的第四天進行心臟的手術。母親卻沒有等到那一天……。

當我帶著大弟的孩子匆忙飛奔到加護病房時，眼前看到的是腹部已經腫脹的母親，心裡有數，眼裡所見的狀態，應該做最不好的打算了。

當時醫師說明病況，我通知了其他的家人，當他們來醫院後，醫師當著全家人的面說了母親的病情，弟弟堅持急救，但根據醫師的建議：「即使現在要去做電腦斷層掃描，她的身體狀況無法負荷這短短的路程，可能會就此離開了。」

弟弟認為有醫治就有機會，但我反應了母親的腹部已腫大，應是多重器官衰竭了，在急救的過程中，母親兩顆門牙也已經斷落，當初聽到這個消息，讓我好捨不得啊……。

我開口請求他們放手，父親當然無法接受，我試圖跟他解釋並不是因為不孝才做出這個決定，我想的是成全與尊重，也圓滿母親在送醫院之前的交代。我很認真思考，如果施行無效的醫療而讓母親死亡的歷程變長，讓她承受更多苦，那對我而言這是比失去母親更大的痛苦。

我知道，家人很難理解。

我整理了一下悲傷的情緒，打了一通電話請 50 年好朋友帶我回家換長褲，因為我知道，接下來的事情可能不適合穿裙子進行。等回到醫院時，母親正好離開，接下來便要處理母親的後事。

當天晚上母親因心肌梗塞急診，住院 44 個小時之後，就離開了。

在告別式上，播放了我們到錄音室為母親製作的紀念光碟，裡頭有我為母親唱的一首尚未來得及完成的曲調《花香》，還有寫給母親的信。

如今，我依然常常去寶覺寺看母親，告訴她我現在的夢想執行到哪裡了，有時候只是買一杯黑咖啡加上一盒她生前無法享用的甜點去陪陪她。

我用我選擇的方式：做一個對社會而言有意義的人，來報答母親對我的養育之恩。

自己做決定，不讓兒女為難

她離開後，每天早晨一醒來我聽著江蕙的《花香》想念著母親，我沒有想要遺忘母親，但我想要有一個儀式，不要斷絕了與她的連結。

現在，I'm proud of myself.

我很美，因為我有母親一半良善的血統；我很美，即使經歷過癌症的摧殘，還有婚姻失敗的生命斷裂，依然挺直地綻放著骨血裡面的堅強。

我的身體讓她為我而擔心，我覺得很不孝，希望我所為之所有好事，足以代表榮耀我的母親。

記得母親最終之事處理完畢後，傷痛尚未離去，父親突然開口未來的身後事由小弟全權處理。

我很大膽地反駁父親：「為什麼你要把這樣的重責大任交給弟弟？為什麼你不能自己做決定？如果你叫小弟簽署放棄急救，有沒有想過他可能要接受其他兄弟姊妹的苛責？爸爸，如果可以，你就當自己的主人。」

其實，我在 2009 年就簽好了「預立安寧緩和醫療意願書」，就為了不讓家人為難。聽完我說的話後，爸爸只是沉著臉不發一語，我從來沒有想過爸爸會認同我的作法，沒有想到的是，他當下就叫我去醫院拿幾張意願書回來簽署，當天連我姊也都簽好了。

雨停了，我還在⋯⋯

　　我一直覺得，寧願讓自己難過，也不讓病患受苦，這才是最高階層的孝順。

　　「預立安寧緩和醫療意願書」，不僅是讓病患可以善終，更重要的是要讓活著的人可以活得更好，能夠生死兩無憾，這才是最圓滿的情景。

07

不需存檔的記憶

在爭執拉扯之間受了傷
他蹲哭在房間的牆角
說著沒辦法接受我得癌症
聽見這句話
我的心就像是被插了一刀
血流不止……

　　記得許久之前，聽過一場病友分享化學治療時，遭受千百般痛苦。當時，她站在台上落淚，仍記得我的心裡多麼心疼與不捨，清楚地投射了內在的苦痛。

　　不過，她走下台後，我聽見她的朋友對她說：「這有什麼，需要講到哭？」

　　說的人，也是病友，只是幸運地不需要做化療，因此她完全無法理解做化學治療的痛。

孤單一人的治療，嚴重的副作用

　　我是個超級敏感的人，當化學藥劑打在身上的時候，我覺得連呼吸的味道都會變得不一樣，當時打化療時，是坐在有靠背的椅子上打化療。

　　瞬間，記憶中的畫面就轉到了半跪在地上、抱著垃圾桶狂吐的模樣，似乎沒有盡頭的嘔吐，是化療中最深刻的印象。

　　當時化療室在醫院的 19 樓，每次需要如廁時，整個廁所的地面上全都是掉落的頭髮，雖然清潔人員定時會打掃，但那怵目驚心的落髮，還有廁所裡瀰漫著小紅莓的特殊氣味，至今仍然無法忘懷。

　　打完化學治療之後，我並沒有辦法像一般人按著電梯就下樓，因無法停止的嘔吐感，所以我只能利用雙腿，從 19 樓一層一層吐下來……。第一次化療時，是先生與女兒陪在身側，第二次則是母親與女兒陪著我，第三次只剩下母親，因為吐得太過厲害，我其實很捨不得讓母親陪著我，站在一旁看我吐得昏天暗地，手足無措的樣子，所以只好請她先回家。

　　後來某一天，我在化療室裡初次見到秀玉姊，她跟我說：「我第一次看見妳的時候，覺得妳好年輕喔！有老公跟小孩陪著妳，感覺很幸福呢！」這一句話，讓眼淚衝破了柵欄瞬間潰堤。

事實上，從那天起到第 12 次的治療，都是一個人到醫院打化療、一個人回家，在回家的路上還要忍受著副作用，緩慢地騎著機車，好方便隨時停下來嘔吐。回家之後，所有的感官都是放大的，我沒有辦法吃，也沒辦法睡，廁所內的香皂味道也令我難以接受，連隔壁養的狗在吠叫的聲音，都讓我覺得備感崩潰。

　　這種副作用於我而言，需要持續個五天五夜。

　　秀玉姊比較幸運，她通常打完化療的那個中午吃不下飯，但接下來都一切正常，沒有其他的副作用。她會在打完化療的隔天早上打電話給我，但我通常都沒有力氣跟她聊天，只好跟她說：「抱歉，我現在沒有辦法講話，等我可以講話的時候，再打給妳好嗎？」

　　而這一等，就是六天之後了。

　　我無法埋怨自己的體質不好，但我會為她的幸運而感到祝福，她也比我早三次結束化學治療，但是我們的聯絡卻沒有因此而斷線。

　　秀玉姊算是我第二位認識的癌症病友，時至今日，我們依然維持著聯繫，甚至在我化療期最淒慘的時候，也是她在身邊陪伴著我，見證我的轉型與成長。

不能接受的丈夫……

　　當時吐到很虛弱的時候，沒有辦法正常上下床，所以在床邊擺了一張小床，方便想要下床的時候，可以滾下來。那時是我最灰暗的時期，虛弱到無法走路，甚至幾乎要用爬的方式如廁。

　　房間裡面就有廁所，但體力沒有辦法支持，明明目的地就近在咫尺，不用幾步就可以到達的地方，我卻沒有辦法做到，無力感難以言喻。

　　化療期間，從 53 公斤迅速降到了 40 公斤，全身的毛髮掉光，只剩下睫毛跟稀疏的眉，那樣蒼白的神情，在行動不便的時候，實在沒有心情予以理會。開始掉頭髮是在施打小紅莓的第 10 天，頭髮並不會毫無知覺掉下來，而是在掉落的那一天，頭皮會異常地疼痛，甚至在走路的時候，頭髮就像飛雪一樣，一絲絲的從我的身後飛舞到空中，而後灑落在地面上。

　　掉落在地上的頭髮，連同毛囊一併完整地落下，看見滿地的頭髮，雖然是早已知道的結果，但我仍忍不住大哭……。

　　炎熱的 7 月，打開冷氣，一邊流淚，一邊把頭上的剩髮一把一把抓下，丟進垃圾桶中，我不想再看見滿地的頭髮，這裡面有十足的疼痛。

　　我也不想看見光頭的自己，10 幾年前因為太過年輕，又沒有太多相關的宣導或資訊，我剪下了黑絲襪，直接套在頭皮上。我允許了自己花一些時間去哀傷早知道的副作用，也哀悼那一大片在垃圾桶、地上的髮絲。

　　一發現掉頭髮的時候，我第一時間打電話給先生，心中是希望他可以安慰我，然而，當他回到家的時候，已經接近凌晨並且喝了酒。當他看見我戴著絲襪的腦袋，他執意地要看我的光頭，但是我自己都不想看見，何況是讓別人看呢？即便他是我的丈夫。

　　因此，我不同意把絲襪拿下來，在爭執拉扯之間，我受了傷，而後，他蹲哭在房間的牆角，說著沒辦法接受我得癌症的事實。

　　聽見這句話，我的心就像是被插了一刀，血流不止。

　　我哭著喊：「你不能接受，難道我就可以接受嗎？」
　　可想而知，接下來要處理婚姻的一切事物，讓我再也沒

有時間來哀悼失去的頭髮……。

別人眼裡的傻事，我做得很開心

後來，我的母親透過絲襪的缺口，看見了白色頭皮，甚至比我的皮膚還要白，她說我的頭很圓，光頭一定也很好看。

但我還是過不去自己心中的那一關，我從沒有看見自己光頭的模樣，其他人當然也沒有。

不過，也因著這樣一次生命斷裂的失落經驗，讓我有了機會到醫院擔任志工時，萌生了替癌友製作頭巾的想法。

或許，也有許多人跟我一樣不知道從哪裡可以取得資源，也或許很多人不知道該如何處理掉頭髮的慌張，所以我跟母親商量製作頭巾的事情，沒想到居然得到母親的認可，還有她的協助。

我記得當初在做頭巾捐贈的時候，遇到了很多瓶頸，也會遇到病友說這是醫院的事，我不用那麼雞婆，更甚而有人說：「小人物做不了什麼大事的，為什麼要這麼傻做這種傻事啊？」

或許這是一件傻事吧！但我覺得傻得很開心啊！

即使母親已經離開，但我仍然持續做這件事，也非常開心可以將當初的失落延伸成願望，讓許許多多的人共襄盛舉，這是病人的福氣，同時也是我心想事成的成就。

順道一提，完成化學治療之後，我就把房間內的廁所拆除了。

記憶有限，想要記得的回憶太多，這間廁所承載了太多不好的回憶，於是捨了，同時也得了。

雨停了，我還在……

　　頭巾捐贈，讓我為曾經的無知感到慶幸，我並沒有在失落上面繞圈圈，反而因為自己曾經的想望、需求，而得到靈感，發展了一個重生的契機，以及和母親的連結，延展至我們存在的這個世界，乃至無盡的十方。

　　讓愛流轉，是一件非常幸福的事情。

08

當了志工後，
我變了……

真的沒有想過
當了醫院志工的巧妙因緣
改變我與世界互動的方式
人生之所以精彩啊
不就在於你從來不會知道
下一個轉彎處
將見著怎樣的風光

　　將剛剛拿到的服務時數貼條，貼在志願服務紀錄冊上，隨手結算了一下，快3年了，幾近480小時（當時是2011年），看著上頭的數字，不自覺地輕笑著。

　　想著當初自己對於當志工的抗拒，到此時感受到歡欣愉悅的心情轉變，我真的沒有想過，當了醫院志工的巧妙因緣，能讓我改變了與這個世界互動的方式，以及對人生的態度。

當了志工後，我變開心了！

　　我只能說：「人生之所以精彩啊！不就在於你從來不會知道下一個轉彎處，能見著怎樣的風光。」

　　許多年前，因罹患了重大疾病，無可避免地與醫院結了緣。療程結束之後，在陳達人醫師的導引之下，加入了乳癌病友團體「圓緣」的行列，當時的我只是參與，卻不熱衷。

　　在一次關懷新病友的聚會中，志工領導透露：「為因應中國醫藥大學附設醫院急重症大樓及癌症大樓的新建落成，為了廣大病人的需要，因而醫院方面希望招募大量的志工來協助方位的導引，以及病人的關懷⋯⋯。屬於醫院病友支持團體的圓緣姊妹，理應責無旁貸、情義相挺！」隨即發下志工招募的報名單邀請姊妹們踴躍參與，加入中國志工隊的行列。

　　個性孤僻的我，並不擅於與人對談，甚至與人之間的互動，我是存在著心理障礙的。

　　當志工？那真的、真的太為難我了！但在會長熱情的邀約下，實在盛情難卻，只好勉為其難去試試看，心想著如果真的無法適應，也總比我從沒嘗試過好一些吧！

　　當時，癌症中心大樓裡設置的「病友諮詢中心」就是我們服務的地方。在這個舒適安心的房間裡，除了提供不定期的健康講座、衛教書籍的借閱之外，最特別的就是有如同我

一般的病友志工們，藉由分享罹病的經歷、抗癌的心路歷程，以及情緒支持等，來幫助癌症病人能盡早走出癌症的陰霾。

猶記得當時，初來乍到，每當有病人靠近服務台之時，我總想著：「我能為他做些什麼呢？我可以嗎？我做得到嗎？」總是這樣反覆且心虛問著自己。

但憑藉著社工師為我們安排的成長課程內容，再加上以同病相惜的真摯心意與病人關懷交流，漸漸地我發現面對病人，不再是一件困難的事，我不再膽怯，甚至可以主動與病人對話交談。

這樣的轉變，反映在我的身上——我會笑了，變得愉快了！我開始懂得分享快樂以及感動。

我的友人們都說：「這真是老天爺創造的另一個奇蹟啊！」據說，當時聽聞我要到醫院當志工，他們可是為我即將服務的病人捏了一把冷汗呢！

走過一樣的路，所以我懂你

不同於一般志工的服務方式，在我們服務的這個區塊，走進諮詢室的患者，幾乎都是已確定罹癌或是正在做化學治療、放射性治療的重症病人。可以想見的，他們沮喪的心情、低落的情緒絕對無法避免。

在陪伴的過程裡，常常見到病人的淚眼決堤，那是絕望、心酸的眼淚。

「哭泣，那很好啊！越哭就越不痛了！哭久了、哭累了，慢慢就會好了。你很幸福的，有我們陪著你。」隨手傳遞衛生紙為他拭淚，我通常會這樣安慰病人。

「歹勢啦！哭成這樣……，妳怎麼那麼好？每個人都叫我們不要難過、不要哭，可是，怎麼可能忍得住不哭呢？」

「是啊！怎麼可能不哭呢？你看得出來，我也是個癌症病人嗎？我走過與你一樣的心路歷程，所以我懂得你為什麼難過、為什麼會哭……。」傷痛是需要眼淚稀釋的，現在由我陪著，讓病患哭個夠，不然，該如何停止生病的悲傷呢？

「完全看不出來妳也是癌症病人呢！這麼美，又這麼年輕。」

「其實我生病已經近 9 年了（當時是 2010 年），還是好好活著啊！現在我站在這裡就是希望讓你看見即使得了癌症，依然可以精彩，美麗地活著！等療程結束，你也可以像我這樣喔！」眼見的真實，絕對比看再多的書籍或是想像，受用一千倍。

在關懷癌友的志工服務裡，能給病人的除了安慰之外，我能給的不就是信心？在給予病人安慰力量的同時，其實我也藉由癌友的溫暖回應，不斷地修護著我自己的心傷。

在陪伴的言談中，我總會適時地提醒病人：「罹癌，並不可怕，重點是在重生之後，你能改變什麼？」

陪伴癌友，越過生命的風暴

病人其實對於陪伴者的我們是有所期待。

許多話、許多事、許多傷痛捨不得對家人說，或不知道該如何說出口，對於相對較能理解的我們，就成了他們的情緒出口，最重要的一個依靠。

慢慢地觀察就會發現，當他們再一次走進門來時，眼淚變少了、笑容變多了，病人變成了貼心的好朋友。有幾位當時我陪伴著的病友，現在也投入乳癌防治志工的行列中，看著她們直挺挺的站在那裡，展現她們走出傷痛後的美麗身影，我心中感覺的欣慰，絕非筆墨可以形容，除了喜悅，就是感動！

寫完這些，正巧收到一封昨日陪伴的新病友美玲寄來的信件，信上寫著：「於廷，謝謝妳的相挺及分享的好文章，抗癌的這條長路上有妳們，我必不孤單。我會加油的！」當我看完了整封信，眼眶還是很不爭氣盈滿著淚水。

　　此時，眼淚是熱的，心是溫暖的！我是發自內心的高興，感謝上天，感謝機緣，讓我幸運的成為一個「可以予人力量的溫暖的人！」

　　這些年來，陪伴著許多病人越過生命裡的風暴，又或許，陪伴著病友離開了人世。 因她而笑，因她而哭泣的這些人，這些故事都記錄著我生命裡的精彩。

　　每個人，每件事之於我都是成長。

　　感恩這一切冥冥中注定的緣分，讓我的心靈充滿愉悅及溫暖。

　　當志工，我是幸福的。

雨停了，我還在……

　　幸福，並不取決於財富、權力和容貌，而是取決於你與周圍人的相處，珍惜周遭的人事物，勇於快樂地做自己！

　　試著重新檢視生病之前感覺不愉快的所有事物，然後放下它，忘記它，或改變它，把心空出來。不然，令你愉快的事物該怎麼進來？生病了，不就是讓你有機會停下腳步休息一下？也許是賞賞花，或是看看路邊的小野草，你將會看見不同於以往看見的人生風景。

Part 2

水裡來，火裡去，
沒人可以摧毀妳！

醫院是我的道場，人間是我的水火。
我告訴自己，再怎麼苦都可以撐過去，轉化生命中
的病苦死傷，原來都是水與火的試煉。

01

這次，
我嫁給我自己

這次的電視台曝光
記錄下癌症病友最需要的幫助
也是我初次以病友的身份
幫助其他病友邁向健康

我整理著已經空間不足的信箱，驚喜地重閱了 2011 年參與一場記者會的郵件。

這是我人生中的第一場記者會，因為中華民國乳癌病友協會在 TBCA 舉辦了一場醫學講座，填寫了一份問卷以便了解病友們的需求。

Cooking for Love

後來協會發現我是在化學治療期間，體重降得最多的癌友，當時中華民國乳癌病友協會（TBCA）想為癌症病患設計一套營養專書，於是邀請我現身說法，邀請烹飪大師程安琪老師、醫師、護理師共同解說營養對於化學治療期病人的重要性。

我清楚記得當時醫師說：「賴小姐，妳真的非常幸運，依照妳一年降下來的體重，就算沒死於癌症，但有可能會因為營養不良而去世。」對不熟悉營養資訊的我，這句話是一個很大的衝擊。

既然無知，就要透過學習而得到知識，經過被醫師指導後，我就盡力宣傳癌友們營養的重要。

活動現場安排了與程老師合作一道芝麻醬涼拌雞絲，現場滿滿的攝影師，聲勢相當浩大，但我卻沒有一絲一毫的退縮，因為知道自己是在做對的事情。

完成活動後，沒有半刻停留，立即搭著高鐵回到台中。尚未到家的我，還不知道各家新聞台已經播出各式各樣的版本。

這次的電視台曝光，真實地記錄下癌症病友最需要的幫助，也是我這一生初次以病友的身分，協助其他病友邁向健康。

擔任抗癌大使，以志工的我為榮

之前，曾經投稿台灣癌症基金會的抗癌鬥士，因為沒有入選，便繼續投入對病友的關懷，再也沒有參選的打算。直

到2014年，我在中國醫藥大學護理系的張雅雯老師推薦之下，在該年度的母親節慶祝活動中擔任台中北區衛生所代表，進行癌症相關的宣導。

因為張老師聽過我的分享課程，認為我是不二人選，之後跟台中市衛生局進行訪談，確認我不會怯場，邀請我榮任2014年台中市衛生局的抗癌大使。

我以為是一場小型活動，當我看見眼前一片黑壓壓的鏡頭時，才發現居然是如此大陣仗。當天有聯合報記者特別專訪我，也同步在網路上轉播，將近30家媒體也競相報導了這次的活動。隨即，慈濟大愛台便聯繫我，希望可以採訪我在醫院擔任志工的服務內容。

身為醫院志工，需要經過醫院單位的同意，才可以進行錄影。於是，我請大愛電視台的記者先向醫院公關單位報備，當醫院同意之後，採訪當天社工、醫院公關與記者來到了我服務的場所，進行一場最真實的紀錄。

到了當天正午，我甚至還沒有離開醫院，大愛新聞台便已經播出了當天拍攝的影片。可以讓更多的人了解志工在做什麼，將更多正能量傳遞出去，讓我感到十分光榮，同時也希望醫院能夠以我為榮，畢竟鏡頭下呈現的樣貌，都是在醫院同意狀況下進行的。

一通匿名檢舉電話，成就了我

沒想到，享受著榮耀的同時，一通電話將我打入了冷宮，因為──該影片被匿名檢舉了。

此時，距離第八屆抗癌鬥士的甄選截止日期只剩下7天，之前沒有很在意這個獎項，因為我只是一個普通的抗癌成功病患，還不到「鬥士」的稱號。然而，這通匿名電話傷害了志工的熱情，同時也傷害了我的心，於是，化悲憤為力量，

下定決心要拿到一個更能夠證明志工熱情的獎項，此時此刻，勢在必得！

我知道之前的努力與曾經為癌友做過的事情，可以讓我得到這一份殊榮與肯定，當時癌症中心的院長陳志毅醫師也認為我實至名歸，非常樂意幫我寫了一封推薦信。果不其然，我榮耀地當選抗癌鬥士之一！

站在頒獎典禮上，由王金平先生頒發抗癌鬥士的獎盃時，我是如此的感動，同時也感謝當時匿名檢舉我的那位人士，因為沒有他，沒有發生這件事情，我也不會知道我是如此的值得。

有時候，逆境也是生命裡的另一種幸運。

生命中的再一次花嫁

2018 年 1 月 25 日是我北上參加台灣癌症基金會舉辦的【癌。讓愛更圓】圓夢計劃記者會，我站在 101 的舞台上說：「圓夢記者會，不僅僅是圓滿了我們的夢想，而是其他 25 位圓夢者，以及我，擁有比他人更有建構自己夢想的能力，並且在圓夢計劃裡實踐它。」

回首過去一路走過來的這一切，心中除了感激，還有更多的感恩。

主辦人 Katie 找上我並鼓勵我參加圓夢計劃，當初因為還另有遠行的規劃，並沒有即時答應。

「那妳先投稿吧！夢想的部分也得經過嚴格的審核，又不一定會入選，或許妳那時候還在國內呢！」

直到截止日期前一個星期，在一個失眠的夜晚，我完成了夢想的文字稿。

後來，接到婚紗店店長的電話，得知我入選了圓夢計劃，

成為圓夢者之一。欣喜之餘，立刻敲定了日期，從台中遠赴台北進行夢想的執行。

進入婚紗店，眼前被一排排陳列的白紗所呈現的幸福感給感動著，工作人員溫柔且貼心地服務著，彷彿我真的是一名待嫁新娘。

進入真正的拍攝之前，先一步跟大家介紹自己：「妳們好，我是於廷，是妳們等待的癌友圓夢者。」

我先提出自己的想法，並與攝影大哥強哥、彩妝師 Dolly 協調溝通，在可行與不可行的想法中，互相退讓。整個過程，真心地覺得被善待，備感恩寵。

最後，圓夢計劃的主角——婚紗禮服，也要隆重的登場。

關於禮服，我要的其實很簡單，一件白紗，另外一件則是黑色，合身的禮服由黑色搭配金色亮片交織而成的魚尾裙襬，穿在我的身上顯得很貴氣。一旁陪伴的女兒驚喜地說：「媽，如果我結婚，允許妳穿這件！但我真的沒有想到妳比我還要早一步穿婚紗耶！」聞言，我笑了笑。

拍攝當天，Dolly 花了許多時間用心粉飾我的妝容，用上最高級的手工配件，裝飾我的髮型。穿上預選的禮服，透過鏡子的反射，那一刻我看見了一位極為美麗的女人，而那一位，居然是我。

拍攝過程中，充滿了笑聲，女兒也在一旁側拍，為我拍下了她眼中的媽媽。他們稱讚我很美，讓他們很好拍，我笑笑地說：「這樣喔，既然那麼美，如果我還是嫁不出去，那就是你們的問題嘍！」

整個攝影棚瞬間充斥著笑聲，同時也消弭了我們在拍攝過程當中的拘謹與矜持。

婚紗照，救回了一條命

不常更換大頭貼的我，挑了一張女兒拍攝的婚紗照片，成為 Line 新的大頭貼。

一位家中突遭變故的好友已經五個多月沒有與我聯繫，看見我變更的照片後，傳訊息問我：「妳結婚了喔……。」

我回：「沒有，只是去圓夢了。」

對話中，得知她胸口有不小的硬塊漲了水泡，並且有傷口，遲遲無法癒合。她不敢告訴家人，於是請我協助幫忙，配合她能夠擠出來的時間，我帶著她就診，當場確診了──乳癌，且右大腿骨骨頭轉移。

安排檢查的過程中，我希望她可以回家告知家人並商量，因為治療並不是小事，需要體力的耗損，治療已經是必須的事，善意的隱瞞並沒有好處。

她接受了我的建議，結果全家人一起討論，就醫也會比較方便照顧。

目前她已經打完第四次的標靶化療，傷口幾乎已經收口，約莫是 50 元硬幣的大小，再經過兩次的化療，醫院將評估後準備為她動手術。這雖然不是我樂見的事情，但卻因為這次的拍攝圓夢計劃，成為一個媒介，讓她有足夠的勇氣，對我們伸出手，使得我們可以拉她一把。

「我的命是妳的那張婚紗照片救回來的！」

雨停了，我還在……

　　拍攝前，我想到身為乳癌的患者，也許可以在照片中也呈現相關的影像，於是便與 Dolly 討論之後，在右胸口上黏上了一個代表乳癌的粉紅色徽章。

　　三分之一的生命中，乳癌帶領著我穿越與成長，期盼這樣的照片，可以鼓勵更多的朋友，不要因為罹患乳癌或是其他癌症，就封閉自我，如此一來便可惜了難得的人生。

02

被需要的力量

因為妳，讓我改觀了
對於「放棄急救」的迷思與錯覺
並因而有機會深入了解
「緩和安寧醫療」的本質
是如此的人性與慈悲

今晨的陽光才剛剛照耀著大地，讓世界上的一切沾染上了陽光，而妳卻陷入黑暗，離開了……。

雖然，這是早已預知的結果，但得知消息的此時，依舊無法抑制狂飆的淚，為妳而流。

因病結緣，互相疼惜的姊妹

我走進了一般人心中是一種禁忌的安寧病房。

光線透過玻璃窗投射進來，映照著大廳裡的擺設，讓人感覺到安詳與溫暖，真的難以想像，此時的這個空間裡，那道厚重的鋼鐵門，就這樣簡單分隔了兩個世界。

反覆調整了呼吸，調適了心情，勇敢地靠近妳的身邊。

「送給妳，這是專屬於妳的花……。」一把黃綠色的玫瑰中夾帶著那朵獨一無二的粉紫玫瑰，就像是我心中的妳，那般獨特且美麗。

將它連同因妳而寫的〈生命幽谷伴我行──心的選擇、愛的見證〉以及〈陪伴〉兩篇文章，還有一張為妳祈福的小卡片，放置在妳的身邊。美麗的花襯托著妳一如往昔般艷麗的臉龐，我站在旁邊看著妳，回想著與妳相識、相交的過往。

心……，仍忍不住一陣陣的酸疼。

初相見時，妳剛得知罹患癌症，妳對我訴說：「現在的心情滿是無奈，不久前才被先生背叛，現在又得了癌症。唉！人活著，到底是為了什麼？」

聽見妳的「傷」，我說：「其實我跟妳的遭遇很像，真的懂得妳的傷痛。讓我陪妳聊聊好嗎？」妳微笑地點點頭。

就這樣，在癌症中心大樓裡，我們因病結了緣，成了同病相憐、互相疼惜的病友姊妹。

或許，是生命的歷程有著太多相似的遭遇，抑或是累世

的緣分真的太深。我們之間有著無需過多言語的默契，妳當時的苦、我的孤獨，讓我倆有較於一般病友之間的那種親密。

期待妳再度越過生命風暴

一路看著妳、陪著妳承受著化療的痛苦，終於完成了艱辛的療程。

為妳慶祝重生的那一天，妳說：「喝杯咖啡吧！我想與妳聊聊⋯⋯。」於是，我在急重症大樓與妳喝了人生裡的第一杯星巴克。

「謝謝妳這些日子裡的關懷，我以咖啡代替酒，謝謝妳！妳對我的好，比親姊妹還真心⋯⋯。」那杯不加糖的咖啡裡，在口中、在心上有著感動的香甜。至今，無法忘懷妳的貼心及從不吝嗇給予我對於當癌症關懷志工的肯定。

康復後的妳，不定期地會捎來平安的消息。

那一天，妳在電話那頭聽見了我哭泣，知悉了我的例行檢查報告不理想，妳在電話那頭安慰著我。

「別擔心！這次換我來照顧妳！」我聽了很感動。

「但憑什麼讓我依賴妳呢？」

「憑妳陪伴我走出罹患癌症的陰霾，憑著妳之前關心我、為我所做的一切，所以妳絕對值得！相信我！我一定會做到⋯⋯。」我發自內心地感謝妳，在我心情紛亂的時刻，給了我最直接、最需要的安定力量。

經歷反覆的檢查之後，我的結果確定是虛驚一場，走出診間後，我馬上掏出手機，想要與妳分享生命中這難得的幸運。

世事無常，才完成化療不過才數月的妳，體內的癌細胞居然已無情的轉移至骨頭和肝，而妳決定要放棄治療⋯⋯。

我一時之間無法接受這樣的結果，找不到任何字句安慰

妳，只是不斷地哭，對妳說著：「妳不是說妳要照顧我？妳……怎麼可以這樣？」

在電話中，妳狠心地與我道別，要我放下對妳的擔心，妳說捨不得讓我再為妳難過：「妳夠苦了！」

眼淚陪伴著我思考了一整個長夜，黎明破曉的時候，決定寄本書《生命的重建》以及寫了封信給妳，鼓勵妳勇敢地面對並且再進行治療。

「如果妳想說說話，需要我時，我會一直在這裡，期待妳再度越過生命的風暴，然後美美地與我歡喜再相見喔……。」

妳的選擇，愛的見證

數日後，妳來電回應著收到信時的感動。

「我會留著妳的信，直到生命最終的那一天。因為妳與醫師的關懷，還有我兒子的期待，我願意接受治療！」那是一個下著雨的夜晚，妳收到信的那一天，我的心有著感動及感傷的兩種心情交雜著。

妳持續做著治療，在一段時日之後，也終於願意放下妳的堅持，以準備好了的心情，來到醫院與我相見。環抱著因化療而顯瘦的妳，一起哀悼逝去的乳癌姊妹，我們的淚稀釋著同為癌友的悲傷、為已離去的病友不捨的疼痛；我們的心，如此靠近。至今，仍記得擁抱妳時的溫度，因為妳，讓我看見了我被需要的力量，如此震撼。

那日妳問：「為何可以如此待我？」

「或許，在妳身上我看見我自己……，對妳的關懷，就是期待別人能為我做的吧！如此而已……。」

妳請託我為妳簽下「預立選擇安寧緩和療護意願書」時

擔任見證人，我知道我的心無法做到，但妳的眼神，妳的信任，讓我為妳完成了妳的選擇，這是一種愛的見證。

那日，揮手說再見的時刻，我要妳為我珍重。

只記得妳頻頻回首，對我笑得如此燦爛，而離別的愁緒，此刻想來竟如此濃烈之後，再也無法見到妳……電話不接、簡訊不回、妳所贈的衣、妳送的鞋都讓我明瞭，相見難了，而再見更難了。

那夜，庭園裡的曇花開了數朵，我竟莫名地無心觀賞花朵盛開時的美麗景象，卻有著曇花花開僅能一現地落寞感傷。

雨，在那樣炎熱的夜，下得又快又急；心卻異常地思念著妳，暗自祈求上蒼，別讓急驟的雨，摧殘曇花的美麗，任她凋零……。

陪伴妳，也療護了自己

隔日，到醫院值班時，手指頭無意識地在電腦上敲下了妳的名字。

妳轉入了安寧病房，我為妳感到不捨而流淚、痛哭，但也為妳終將解脫而感覺欣慰、感恩。智慧如妳，早已悟了生死，已經做好一切萬全的準備，等待著那最後的一刻。

我果真依著我們之間的「約定」，不去見妳，直到妳真的離開。

與妳的父親為妳挑選告別人生的那張美麗照片，讚嘆著因緣，因妳之緣，我得以如此地貼近死亡的邊界，而沒有恐懼。在安寧病房的佛堂（往生室）裡，站在妳的跟前，我雙手合十，心中說著對妳感恩：因為妳，讓我改觀了對於「安寧放棄急救」的迷思與錯覺，並因而有機會深入了解「安寧緩和醫療」的本質是如此的人性與慈悲。

　　看見妳，彷彿看著當時的我自己。
　　這一路陪伴妳，讓我親自療護了那個在抗癌路上曾經寂寞、孤獨、無助，沮喪的自己。

　　終須道別，我知道。
　　與妳說再見的此刻，感恩妳使我成長，在妳的告別式上告別了我與妳今生的緣分，無憾且無悔。

雨停了，我還在……

　　許多人對於簽署「預立選擇安寧緩和療護意願書」有著不少的迷思，原本的我對於「放棄治療」很不理解，明明還有機會，為什麼不救呢？

　　事實上，安寧病房並非什麼都不做，而是拒絕無效又會增加病患痛苦的醫療，但會提供病人舒適的醫療照護，陪伴她走完人生最後一哩路。

03

我還堅強地活著，
妳**也**不要放棄

我不是要跟你們比慘的
而是想跟你們說
我不知道我未來怎樣
但我還在這裡
堅強的……活著

如何讓妳遇見我，

在我最美麗的時刻？為這，

我已在佛前，求了五百年，

求祂讓我們結一段塵緣。 ——席慕蓉〈一棵開花的樹〉

我想，佛聽見了我的祈求。

於是，在中國醫藥大學，我們圓滿了如期的夢想。

2018 年 1 月 25 日，在台北 101 大樓，台灣癌症基金會癌友圓夢計劃的發表記者會裡，我遇見了美麗的她。

她年輕的外型、舉手投足中，有一種刻在靈魂裡的安靜與沈穩，這樣的特質，深深地吸引著我的目光。

用生命影響生命，生命教育分享課

用餐時，正好跟她並肩坐在一起，我技巧性地問著：「妳一個人來嗎？生病的是家人還是……？」

「是我。」簡單地敘述了一下她的曾經。

於是，有一個想法湧現，我希望有朝一日可以邀請她到中國醫藥大學，為未來的醫生們上一堂生命教育的分享課，然而，當下並沒有機會提出邀約。接下來，順著流程進行記者會，我們兩個人沒有再次交談的機會。

穿上高雅清新的禮服、頭戴花冠的她，站在台上，勇敢地向台下的觀眾，傳達自己如何走過癌症，怎麼克服光頭障礙的心路歷程。

我坐在台下被她感動了。

用生命去影響生命的意念，就在我的腦海裡似漣漪一般無限擴大。

也許是老天爺聽見我的祈求了吧！

活動結束之後，中華生死學會當時的秘書長，邀請我去他們學會分享。於是，我就有了在 101 的星巴克喝咖啡的特殊經歷。也是在這棟大樓裡，再度遇見了那個在我的生命中，留下深刻痕跡的巧華。

我趕緊抓住這個機會，在她的母親面前，跟她提出演講的邀約，她也欣然接下了這份邀請。

終於完成了一件沉積在心底已久的想法，我興奮地將巧華轉介給中國醫藥大學的醫學系，最終敲定了在 5 月時，進行一場生命教育課。

不過，在與大學教授聯繫的過程中，巧華的癌細胞轉移了，開始進行治療。

直到演講的前一天，我都不敢確定她是否有足夠的體力從台北來到台中，並且站在台上為時兩個鐘頭的演講。

當天，巧華的家人一起陪同來到現場，但只有弟弟留在講堂內。

「當我在談這些經歷的時候，雖然都過去了，但我爸爸媽媽會聽得很難過，我捨不得⋯⋯。」

我們不是找碴，只是因為害怕

站在台上，她說著緊張，但她卻表現落落大方，侃侃而談。

從 6、7 歲開始發現異狀開始在 T 大兒科追蹤，17 歲確診乳癌三陰性，乳房切除，進行化療，接受光頭的自己⋯⋯。所有情緒的起落，起伏轉折，她用年輕人的語言勇敢表達，讓坐在台下的學員們內心澎湃激盪著。

許老師從演講開始就不斷落淚，所以串場就轉由我代理，心疼跟不捨，我想是在場的姊姊、媽媽們以及為人母者皆有的心情。

她在台上述說著：「醫生就是我們病人的浮木，因為你們的專業，可能你們會很忙，可是你們是我們唯一能依靠的浮木，可不可以多一點耐心，不要對病人那麼冷血、那麼殘忍！」

　　對未來醫生們的期待，我相信學員們會特別有感觸。

　　聽過那麼多場的演講，這場是我最感動的一次。外表是個小女孩的她，過著的是女人的經歷；而我這個熟女，內在住著一個小女孩，我擁抱著她，彷彿得到了救贖。

　　「我不是來跟你們比慘的，而是想跟你們說，我不知道我未來怎樣，但我還在這裡堅強的……活著。」她最後下了一個結尾，用自己勉勵著在場的學員。

　　最後，因緣際會裡，一位肝骨轉移，治療得到了控制，所有的化學治療全部都已停止，只剩下服藥，算是轉移後治療成功的姊妹，她上台為巧華獻上祝福的花束，期待她的幸運，也能傳遞奇蹟顯現在這個美麗的女孩身上。

　　這是一場令人感動，撼動人心的分享：

　　對於病人而言，醫生及護理人員是很重要的存在。在我們生病的過程中，身邊不乏有人會告訴我們：「現在醫療那麼進步，一定會好的。」

　　但是這都比不上醫生的一句：「最近治療成果還不錯喔！」因為你們是專業，而我們選擇相信你們。

　　曾經有過進診間後不到 5 分鐘，就將我們趕出來的經歷，那其實對我們是一種殘忍；也遇過醫生為我們的各種困惑一一耐心解答。

　　良好的醫病關係，對於面臨癌症有著恐慌的病人而言，是一個強而有力的安心劑，所以，請給我們多一點耐心，我們並非故意找碴，我們只是害怕。

雨停了，我還在……

　　我不是要和任何人比慘！

　　我曾經看過一段話，「幸和不幸是主觀感受，沒有人能評斷另一個人幸福與否。」

　　但是當你們難過得走不下去的時候，請想想，這世界很多人正在努力的活著，我還在這裡，我還沒放棄，也請你們不要放棄。

04

除了陪伴，
我還能做什麼？

我有些猶豫地
將視線轉向手腕上的數條白線
心中有些不太好的想像
她發現之後，沒有特別掩飾
只是跟我點了點頭
我終於理解她這些年的逃避

　　「妳的寂寞，我看見了；妳的憤怒，我也看見了，但我無法安慰妳別難過，只能由著請求，陪伴妳走出門去喝點熱湯……。」

　　那僅僅是小小的一段路程，芳婷在街上停留了數次，不斷地喘息、深呼吸。紅色的眼睛裡，除了憤怒，還明顯地帶著一些……恨。是的，是恨。

孤單，是一個人的狂歡

　　我有些猶豫地將視線轉向她手腕上的數條白線，心中有些不太好的想像，她發現之後，沒有說什麼，也沒有特別掩飾，只是跟我點了點頭。於是，我也終於理解了這2、3年來的逃避。

　　在我們第三次見面時，芳婷幾乎沒有吃，只是憤怒地說著話，然後喝了一口熱湯，直到累了，我和另一位志工大姊叫了一台計程車，目送她搭上計程車回家，心中仍然有些許擔憂。

　　芳婷本來在癌友關懷群組當中取暖，後來因為群組當中有人傳了姊妹往生訊息，她因此嚇壞了趕緊逃跑，從此跟我失去聯繫4年。

　　當我再次遇見她時，她非常地瘦弱，帶著口罩，露出兩顆圓咕嚕的眼睛。

　　她開口說：「於廷姊，我是芳婷，這些年我很想妳，但我不敢來見妳，沒跟妳聯絡的日子裡，我就像遊魂一樣，永遠孤單的一個人……。」

　　返家後，芳婷打電話給我，「沒錯，我沒有辦法原諒他，他強暴我，要我跟他在一起，他說他是愛我的，我也就接受了他，結果事情被發現了……，他說是我自己願意的，我從

來都是一位驕傲的英文老師，莫名其妙地成為了小三，為什麼他可以這樣？為什麼要騙我？我一輩子都讓他毀了……，為什麼要騙我？」我在電話的這一端，聽見她幾近呼天搶地的憤怒。

那麼多年的往事，它們並沒有隨著時間被遺忘、隨著風吹過而消逝，一絲一毫都沒有。

「於廷姊，妳知道嗎？從生病以後，我什麼都不敢吃，我的朋友告訴我吃健康食品就會好，到現在我吃的健康食品不止四百萬，現在癌細胞轉移到肺了，可是我也沒有錢了……，為什麼大家都要騙我？」當初，要她買健康食品的人，就是她認為最信任的好朋友，信任的人總是讓她失望，我想這是她憤怒的根源。

再次遇見她，只是不斷地傳送她畫圖案在石頭的照片給我，只要打電話來就是氣急敗壞地在罵那個強暴她的男人，還有幫她寫保險的經理人……。

因為被強暴、被騙，被最信任最親近的人欺騙，最後只好躲起來拒絕與人互動。

於是，一個人生活，一個人生氣，一個人傷心，一個人悲傷，這一切的一切都是一個人去面對……。

我突然想起阿桑的《葉子》這首歌，有一句歌詞寫著：「孤單，是一個人的狂歡。」

小心願，想當一次畫畫老師

妳說，有一個小心願，想要揮灑一次，屬於妳一個人的抒發心情的方式：跳脫英文老師的框架之外，妳想當一次畫畫老師。我聽見了，所以在可以的範圍內，想要完成妳的小小心願。

「於廷姊，妳可以找 20 位姊妹一起來學習，顏料我會負責，但是請讓她們各自找一塊平面的石頭，這樣才能畫畫。」

看見訊息欄的對話，我很直接地說：「那樣的石頭目前我們沒有辦法找到，妳身邊有沒有這樣的石頭？」

「沒有欸。」

是否可以利用其他的東西替代？然而，妳不允。對於妳的限制，我尊重，因為我知道對妳來說，石頭的意義可能不只是石頭而已。

妳問了：「除了陪伴，妳能幫忙我什麼？」

我不知道我能說什麼，只好靜默……。

「我想麻煩妳來幫我煮飯，妳可以活這麼久，應該可以幫我得到我需要的營養，不然我不知道該怎麼吃東西。朋友告訴我吃肉類容易轉移，這幾年來除了上次遇到妳，我說我想吃，而妳告訴我可以吃，我才敢去吃豬腳飯之外，我真的不知道要吃什麼？妳知道嗎？那豬腳飯真的好好吃……。」

聽到這段話，我知道我實在無能為力，無法達成妳的「期待」，所以我也決定讓妳「零期待」。

陪伴，可以在群組中互相陪伴對方，但是煮飯這件事情，則是要看緣分，強求不來的。

我想，現在唯一我能為妳做的事情是──給你信念，請準備好自己，當下次回診時，告訴醫師已經準備好了，要努力醫治自己！

而我，答應在妳狀況穩定後，規劃屬於妳願望，並完成妳終生的夢想。

狂歡，是一群人的孤單。

這個狂歡，終未能實現。

雨停了，我還在……

　　當我對病友的要求無能為力，或是已經超出可以幫助的範圍時，與其給予期待，我寧願給「零期待」。

　　面對病友的求助，我們都會轉介給群組當中的人，互相陪伴，但是當已經超出幫助的範圍時，則要看緣分了，這是強求不來的。

　　關於這篇姊妹想要找人幫忙煮飯的請求，可以透過申請長照，請專人到家中協助。

05

保持距離的關心

院中，是癌症病友
重要的心靈支持之一
因著這樣的需求
讓我有緣分陪他們走一段路

在姊妹會 Line 群組尚未建構的時候，每個星期五的午後，來醫院回診的姊妹們都會相約到附近的餐館吃飯，有一次 11 位美女中僅有一位是護理系的老師非病友，其他的全部都是乳癌的姊妹。

陪伴，是重要的心靈結構

當下瑞芸提議我們來玩交換卡片的遊戲，在紙張上寫下想對姊妹們祝福的話語，或是任何想要對彼此表達的情緒，然後從中抽取，誰也不知道會收到誰寫的卡片，但必須要公開唸出所得到的文字。

一開始，我便覺得瑞芸是很跳 tone 的人，隱隱約約的直覺，感覺我一定會抽到她寫的文字。答案陸陸續續揭曉了，大家在各自的禮物當中得到欣慰、得到祝福、得到溫暖，果不其然得到的正是瑞芸寫的：「閉嘴，給我愛，我就是需要愛！」寫卡片的時候，她並沒有針對誰，但是我真的抽到了她寫的卡片，上面的文字很嚇人，起碼它嚇到了我。

索愛並非不可得，但在彼此還不夠熟悉的情況下，我的理解是要先保護我自己，瑞芸散發出的頻率不是我的世界可以承接得住。於是，我僅能和她維持淡淡的情誼。

這一次的遊戲被我認為是「衝擊」之一，開始讓我去思考，姊妹們來自不同的家庭，她們的表達方式不同，但其中相似的狀態，是她們使用各種不同的方式——示弱、倔強、像刺蝟般的難以靠近——來達到被關愛的期待。

這其實是考驗了我在這些志工服務的個案中，是否會被同情或同理心給屈服？是否有分別心？在尚未準備好的等待中（有些是需要轉介急難救助的），如何與之互動？這些點點滴滴堆疊的經驗，都讓志工服務理念更加健全。

這次的聚會活動之後，造成很大的回響，於是我們很快

就辦理第二次的姊妹聚會，在一間義大利餐館裡，由姊妹們的協助下，我創立了全國第一個 Line 的癌友關懷群組。

時至今日，其實我服務的範圍不僅限於中國醫大，但還是以中國醫大為基礎。

台中以南也有姊妹在我的群組當中找尋溫暖，多年之後我跟她有緣相聚，她告訴我，當時創建的群組對於徬徨的她有多麼重要。

陪伴，是癌症病友重要的心靈支持之一。

因著這樣的需求，許多轉介個案由其他醫療單位介紹而來，讓我有緣分陪他們走一段路。

喜悅、被愛，是最好的良藥

宜芳，是彰化地區的姊妹。

認識她的時候，她的癌細胞已經轉移了，也就是第四期乳癌。

在陪伴她的過程中，她心心念念著母親為她做的螃蟹粥，但她母親早已年邁，已經無法再拿起鍋鏟，而她也只讓母親知道她剛生病的狀態，沒有告知目前四期的階段，所以即使有娘家，卻不敢回家。

她沒有停頓地訴說著想吃螃蟹的心願。

那天，在我前往市場為父親準備他想吃的特別餐食「小魚干炒味噌肉」時，看到隔壁攤販有一只大沙公，於是我打電話給宜芳，「我可以為妳煮一頓妳一直想吃的螃蟹粥。」

接到電話的她，立馬從彰化花了一個多小時的時間，抵達我家。

在掛掉電話之後，我也開始著手對付那一只張揚舞爪的大螃蟹，雖然大螯被繩子牢牢地綁住，可是對我來說，它還

是活生生，可能會咬斷我手指頭的龐然大物。

　　孔武有力的它，只能拿兩雙筷子分別將大螯夾住，由於我不敢殺生，也不敢直接拿著刀子插入它的心臟，於是我用夾子夾開螃蟹的腹部，用清水不停地沖刷，再拿一把乾淨的牙刷清洗肺葉。

　　我很「卒辣」地播放基督教的福音歌曲，讓這位八蟹將軍在音樂中安靜地離去，成為圓滿宜芳夢想良藥。

　　用白米煮成了清粥，另外蒸熟了螃蟹，加了一顆蛋，將我自己醃的嫩薑切成細絲，擺放在桌上，並準備了吃螃蟹專用的器具，由她一人獨享。

　　女兒很貼心地拿出一條餐巾：「宜芳阿姨，我幫妳圍上圍兜哦，妳好好享用吧！」

　　宜芳眼眶瞬間泛紅的宜芳，我感謝女兒的貼心，也很開心自己在與螃蟹生死的掙扎中，我完成了宜芳的想望。

　　她返家之後，那一次的抽血報告中，白血球指數居然有別於以往的低標，數值飆到了五千多。由此可再次驗證：喜悅、快樂、感覺被愛是增強免疫力最好的良藥。

彼此保持著安全距離

　　我會關心陪伴的姊妹們，但相對地，也會畫上一條界線，我並不喜歡太親密的舉動，然而，通常缺乏安全感的姊妹，依賴心會大爆發，我喜歡保有各自的空間，彼此之間留有安全的距離。

　　宜芳在吃完螃蟹過後，常常不定期會騎車來台中找我，其實我並不喜歡這樣的靠近，於是很坦然地跟她表達了立場——我是一個極度需要自我空間的人。內在更深層的擔憂，是在於她的肝腫瘤根本不適合長程騎機車。

　　曾經遇過最誇張的要求是：姊妹要我把女兒請出去另租
房子，她想要付房租住進我家，方便我就近照顧。

　　因為她每天都會跑到我家樓下等我，使得我也只能迴避
她，封鎖了她的訊息，轉呈給醫療端處理。

　　病人的脆弱會用不同的方式呈現，我也要不停地接收、
轉化，再以智慧的面對每個人的同質性與反差，我把它當作
是一項功課，同時也是病患需要理解的部分。

雨停了，我還在……

　　宜芳因為不捨，而不敢向年邁的母親提到她的病況，腫瘤心理師史莊敬先生曾經受訪的一檔節目中提到：「不應該把家人排除在你生病的事件之外。」

　　病人會有許多的顧慮，也有形色各異的選擇，我尊重，但家人會是妳的避風港，當妳承受不住治療的痛苦時，家人是會在背後支持著的最重要力量。

06

下次，
再一起去看黃金風鈴木

加油，不是因為妳不夠努力
希望妳再努力一下
而是當妳覺得真的很累了
我的這聲加油
是為了給妳需要離開時的勇氣

當妳將手中那袋屬於我們的榮耀交付予我的時刻，我的眼睛頓時被眼淚糊了一片，技巧性的轉了一個角度，不想妳看見我的淚。

很認真地對妳說了聲對不起，自責於從 7 月份無法預期的切片檢查後，原本屬於我的工作，突然間全都轉承在妳身上，讓我覺得非常對不起。

妳的勇敢，令我心疼

即使我們身處在這個圈子裡，大家都明瞭轉移的可能性，儘管沒有人知道為什麼，也無從得知為什麼，但是，轉移的發生對任何一位癌友、家人、朋友來說，都是難以承載的重量。

妳知道嗎？當我看見妳打來的那通未接來電，我就知道妳回診的報告應該是不理想的了。

回撥給妳，如我所料的，妳已經哭過。當妳擦乾眼淚，隔天還心心念著，並立即行動，想幫大家再多做點什麼。

在載送資源時，無聲的淚從妳臉頰滑落，我只能摸摸妳的頭，陪在身邊傾聽妳的內心話。

我覺得心好疼，更多的是捨不得。

這一段時間裡，妳幫忙我解決了許多的繁瑣事、陪著我走過聽見報告異常時的擔心，結果是良性的喜極而泣。在下著雨的午後，當妳知悉我需要去醫院協助單親的腦轉姊妹住院，妳立即載我前去，因為妳捨不得我在雨中奔馳。

協助辦理住院時，我扶著視線模糊的姊妹，妳將她隨身所有行囊背在妳的身上，我發現了妳的行走也顯得艱難。

當我回頭問妳：「這樣會不會太重了，妳先放下，我等等過來幫妳。」

「沒關係，還好。」妳如此回答，「我們都想為大家付出，多做一點兒什麼，妳不要擔心。」

這句話，仍然沒有辦法稀釋我自責的濃度，只能一次又一次地說服自己：「我們曾經有過共同的夢想，我們曾經堅定地朝向我們的目標前進，這是我們共同的決定！」試圖不讓自己陷入自責的泥沼中，不斷地糾結。

勇敢、堅強、有條理的處理問題，妳勇敢得令人發疼。

昨日相見時，答應妳的，我會努力達成，我會多留一點時間給自己，珍惜老天爺安排疼惜我的人出現的機會。

癌細胞轉移後，接下來的日子，可以想見的辛苦，但姊妹們會陪伴妳，一如一直以來妳對待我們一樣。

老天疼惜，完成妳的心願

清晨的雨，灑了一地的落英。捨不得花落，順手帶了個購物袋，將它們拾回來。

心裡一直念叨著要一早晨起去排隊買妳想要的豆沙包，可愛的豆沙包啊，從來都不會是我的選項，但即將遠行的妳，居然咬著一口Q軟的麵皮說：「我不要吃肉包，我要豆沙包……。」

即使沒什麼力氣了，但想吃豆沙包的慾望，居然讓妳的聲調硬生生地提高了幾度音，顯得鏗鏘有力，著實令人訝異。

聽聞今早有姊姊們要去看妳，我就託美雲姊送了一顆過去，讓妳償了心願。

那些撿拾而來的黃花風鈴木，我把它們串成了一個花冠，紀錄著去年妳臨時約我至新社賞櫻，而後又轉往北屯區看那綻放在整個藍天裡的金黃。

我們在車上靜靜地看著，沒有拍下任何一張照片留作紀念。當風吹過來時，葉子溫柔地紛飛，以及鳥群抖落時的激烈隕落。

「好美吧！」妳有些得意，眼睛閃閃發亮。

「真的好美！」

這是妳得知癌細胞轉移之後，第一次的心靈出走。這趟旅程沒有談疾病、沒有談生活上的瑣事，只是在車內閉著眼感受著。

至於未來該怎麼辦，妳對我說：「需要多點時間想想……。」

然後，妳總是那麼地堅強，堅強地熬過一次又一次的挑戰。

妳想盡辦法讓自己變健康，妳在人前永遠倔強，直到最後，妳請託我為妳完成一件心願——希望我代替妳與妹妹開口，希望老公來照顧妳。

只能說真的是老天安排好的，也應該是老天疼惜妳累了，果真如願了！

因為再婚，妳想為了現任生下屬於自己的孩子，因而擱置了孕期中發現的乳房異常。帶著一雙兒女再婚而不得不成為夫家中的弱勢，連開口要先生照顧，親姊妹都束手無策，居然得外人幫襯。

或許如妳所說，我看起來隱約有股正氣，我想應該就只是純粹受妳所託，因此，無所畏懼。

先生一開始很猶豫，但談及他同事的姊妹也因乳癌往生，而在工作場所嚎啕大哭的情景時，先生沉默一陣之後，開口問：「於廷姊，你覺得需要請假多久？」當他問出這一句話時，我知道先生的堅持已經有些鬆動了。

「兩個星期。」不知為何，我脫口而出這個時間。

「那如果兩個星期之後，她沒有走怎麼辦？」

聽到這句話，我怒了：「如果兩個星期沒有走，算是你賺到了啊！可以陪她久一點，夫妻情緣一場，照顧她也是應

該的。」

　　隔天我在病房裡照顧著妳，看到先生走進來了，妳的眼睛睜得好大，有些意外地看著他。

　　「來抱一下她吧。」我導引著妳先生靠近妳、抱抱妳，而他也真的做了，我看見妳眼角的淚就這樣無聲的滑落。

　　當先生暫時離開房間後，我發現妳開始頭頂冒汗，隨手拿了一張濕紙巾想要幫妳將汗滴擦拭掉，妳卻接過濕紙巾，用力地想把它擦乾。

　　「我們對妳都這麼溫柔，妳幹嘛那麼粗魯對待自己，會痛吧。」

這聲加油，是為了給妳勇氣

　　一直在照顧著妳的親姊姊，突然發現妳的身體開始有體液滲出。

　　時而睡著，時而醒著的妳，看見腳上被包裹住，開口問道：「我的腳上包的是什麼？為什麼？」

　　「身體的體液，透過毛細孔滲出來了！」大姊回答了，抵擋不住因虛弱而升起的睡意，妳聽到回答之後，又沉沉地睡去。再次醒過來時，腫脹的身體讓妳很氣憤。

　　「努力經過這麼久的治療，妳有什麼想說的嗎？」我坐在床邊詢問。

　　「X！」很簡短，很直接，就像妳一樣直率。

　　大姊要妳平靜地念佛號，我說：「憤怒都沒有消除，她要怎麼靜下心念佛號啊？」

　　病房內瞬間安靜下來……。

　　我想到答應妳的事情已經完成了，便想轉身離開，跟妳告別時，說了一聲：「辛苦了，這段路程真的很辛苦。」

　　然後我又說一句「加油」，我一般都不會用這一個詞彙來安慰姊妹，但我卻這樣對妳說了：「這句加油，不是因為

妳不夠努力，希望妳再努力一下，而是當妳覺得真的很累了，想要離開的時候，要勇敢表達妳的想法。我的這聲加油，是為了給妳需要離開時的勇氣。」

到了離開那一天，妳跟我說想要聽《慈悲藥師寶懺》，我馬上傳到妳的手機裡，妳說要跟隨大甲媽離開了，正巧我有大甲媽祖近距離的照片，也傳到妳手機，讓祂們陪伴在妳的左右。

我在遠處看著妳，並且獻上最深的祝福。

在先生請假的第 3 天，一切皆如妳所願，圓滿了。

告別式舉辦在 11 天之後，整整 14 天，與我所說的「兩星期」竟然不謀而合，因緣令我真的無法用言語來形容。

感謝和妳在醫學講座裡相遇的緣分，在往後 5 年相伴的日子裡，謝謝妳和我們所有美好的回憶。

生命有期，愛無極限。

妳帶著我看的海，很美……
寫下這篇故事的前兩週夜裡，我在夢中看見了不曾出現過的靛、湛藍，以及純淨的海洋與天空。

那麼樣的美，美得不似人間。

陽光映照在海面上閃耀著如珠寶折射般的波光，用實木柵欄圈成的四方平台，我就站在那兒，我知道自己很安全，於是自在地看著身後綻放的大紅花和高明度的綠葉，享受著海天藍紫交疊的漸層，以及風吹拂著的自在。

那風，沒有海的味道，只是清清柔柔地拂在我的兩頰，未曾間斷。

一側身，見著了妳。

　　我見到了已經離世 6 個月的妳，卻不驚訝，妳和我同向面對著海，時而轉頭地看著我，未曾一句言語。

　　妳，美麗的容顏還在，只是少了慣有的微笑，以及粉嫩的櫻花色。

　　我順口說了：「真想拿相機拍張照啊……。」這才發現手機不離身的我，這次居然沒有攜帶在身邊。

　　妳的身旁無長物，自然也什麼都沒有，下一秒，眼前什麼都空了。

　　然後，夢醒了。

　　我知道是妳領著我來看海的，心意我收到了，也許妳尚留有遺憾，希望它隨著妳成為的一縷煙而飛逝。

　　隨風而逝，這樣就好。

雨停了，我還在……

　　我把一直攜帶在身上的幸運草送給相伴 5 年的姊妹，同時也祝福每一位奮戰中的姊妹，能得到最好的醫治。

　　我們都知道，醫療有它的極限，但我絕對相信奇蹟，以及信念，相信自己，沒有不可能的事！治療是一趟很辛苦的旅程，我不會在姊妹面前說加油，當我這麼說的時候，是希望能夠給予她離開時的勇氣，讓她可以毫不畏懼地面對死亡……。

07

沒有玻璃鞋的灰姑娘

「幸福
不僅僅只有一種單純的面向！」
我乖乖遵照醫囑完成治療
這期間很辛苦沒錯
但此刻我仍活著
繼續創造著屬於我的幸福

貿易公司上班的心怡，在 29 歲時被診斷出乳癌二期，她曾經跟我說：「我很不能接受，不是應該胸部豐滿的人才會得到乳癌嗎？我是 A 罩杯，胸部這麼小，為什麼我會得到這個癌症？」

29 歲的她確實很年輕，但我想也沒有任何一個歲數的人，可以坦然接受自己罹患癌症的事實。

放棄治療，步入婚姻殿堂

乳房大小，與得到乳癌，並沒有絕對的關係。

我知道她很難接受，因為她的婚期已定，原本是歡欣的待嫁女兒心，沒想到天上掉下來的新婚禮物卻是乳癌，必須馬上接受治療。因為位置接近乳頭的關係，必須將乳房全切，婚期在即，她選擇後背的肉，重建了乳房。

由於她非常瘦小，前胸、後背，再加上淋巴處都有傷口，於是復原速度相對其他病患來說，比較辛苦，也比較緩慢。

不過，比較幸運的是，她的男友沒日沒夜地呵護著、照顧著她。當時重建的乳房有乳房的形狀，但沒有乳頭，如要重建乳頭，又要接受另一次手術，當她聽說重建乳頭的重大工程，她就選擇放棄。

「只要穿禮服的時候，不被看見缺了一邊就好了。」她說。

醫師建議做完 12 次的化療，但因為婚期已近，她想要做一次漂亮的新娘子，於是化療只作一半，選擇如期完婚。而她的男友也決定隱瞞家人，如期與她步入婚姻的殿堂。

她的選擇，究竟是對還是錯？

結婚之後，她隨夫至新竹居住，我們的聯絡就只剩下偶爾打打電話。

兩年內，她陸續生下兩個小孩，幸福家庭的樣貌就是如

此單純美好，她仍在繼續工作，小朋友就交給在南部的婆婆幫她照顧。

然而，好景不常，又過了兩年，心怡的癌細胞轉移了，令人心酸的是，當時她的先生被派到國外工作，而當醫師告訴婆婆、小姑的時候，婆婆非常地不諒解：「妳帶病嫁進我們家，為什麼我們都不知道？」

其實，我很佩服心怡的先生，有足夠的肩膀幫她抵擋家人之間可能出現的流言蜚語，選擇了隱瞞，並如期地跟她完婚。但現況今非昔比，隱瞞不住的事實，讓她覺得天地變了色。

孩子生了，癌細胞也轉移了，又能如何呢？先生長期在海外工作，此時面對夫家人的責難，她幾乎無法承受。

這時候她不禁問我：「我放棄應該完成的治療，選擇走入婚姻，究竟是對？還是錯？」

事實上，選擇沒有對錯，人、事、時、地、物的條件環境不相同，如何論斷對與錯？之後，我再也沒有收到她任何消息了。

時至今日，我仍然常常想起她，因為她是我認識的第一位癌症病友，當時我們並排坐在化療室。

愛人陪伴著她的幸福模樣，是我羨慕的對象，現在我也只能說：「幸福不僅僅只有一種單純的面向！」我乖乖遵照醫囑完成治療，這期間很辛苦沒錯，但此刻我仍活著，繼續創造著屬於我的幸福。

被愛隔絕的女孩

在 30 歲美得冒泡的年紀，馨欣總是輕巧地來，打聲招呼之後，就會坐下來跟我很小聲的聊天。她的身旁總有一位女性，年紀看起來比我大了許多，但她們兩人之間從來都沒有互動，所以我也就沒有詢問過這個人的角色是什麼。

某天，馨欣在血腫科門診之後臉色大變，說她必須要馬上住院了，希望我能提供她一頂美美的短髮、一頂頭巾，還有一瓶很貴很貴的營養品。

　　因當時手邊正好有這些資源，於是我答應了，很快速地送到病房給她。

　　一進門，我發現她無神地盯著前方，告訴我：「於廷姊，我肝指數太高了，沒有辦法打化療了……。」聲音沙啞，似乎才剛哭過，蒼白著臉，面無表情地說。

　　我發現，陪伴的位置上面有一個微熱的便當，還在思索著便當的主人是誰，沒想到居然是我常常看見的那位年紀稍長的大姊，經詢問原來她是馨欣的媽媽。

　　媽媽不顧我還在場，開始數落躺在床上的馨欣，說她埋怨媽媽給她不健康的身體、說她抱怨因為生病得早，所以生氣沒有談戀愛的機會、說她怨恨妹妹有男朋友，而她永遠也沒有這個機會……。

　　媽媽繼續埋怨馨欣自私，賺錢從來不拿回家，在外面也不稱呼她為媽。

　　我有些詫異，幾乎是呆愣在一旁，女兒的生命即將走到盡頭，這位母親的行為在我看來有些誇張，也很戲劇化。

　　躺在床上的馨欣，講完唯一的那句話之後，從頭到尾未曾再有任何言語。

　　「假髮留著，營養品留下，頭巾她不會要的，妳帶走。」母親發現我站在一旁，指揮道。

　　「可是，這是馨欣挑好的款型跟顏色，妳就順她的心，不好嗎？」

　　母親仍然堅持著退回頭巾，我不懂這樣的堅持是為什麼？

　　馨欣闔眼睡了，和她母親講幾句話之後，我也離開她的病房。

　　隔天，雖然我的群組中規範限制傳送有關死亡的訊息，

但群組裡面還是有人認為死亡是必然，因此違背了版規，發出了其他姊妹往生的消息。

「我恨傳這樣消息上去的人……，我好怕啊……。」她說。當我再次找時間探視她的時候，因為無法進行治療，她的身體已經很虛弱了。

兩日後，她妹妹傳來了：「我姊姊當天使了……。」

醫院的東西全部都留在醫院中，她們淨空了所有與她有關的物品。

她，彷彿沒有存在過。

早逝的生命

當我走入病房，如果不是她開口叫了聲：「於廷姊！我好想見妳喔！」我幾乎無法聯想到，她是記憶中的那位姊妹——巧薇。蠟黃的膚色，扁瘦的身形，此時的她，比我進病房前所想像的，還要嚴重。

「手機壞了，失去了聯絡妳的方法。」她解釋沒有跟我聯絡的原因。

「為什麼不來醫院詢問呢？」

「我天生比較膽小，除了看診之外，其實我不敢靠近醫院，怕聽見轉移或某人不在了的消息……。」巧薇說，「但我一直想念妳，超想見妳的！」

從見著的那一秒，她的手從未鬆開過我的手，儘管她如此瘦小，手仍然暖暖的、緊緊地握著我。而她，始終微微笑著，即使談及比較感傷的部分，居然連一滴眼淚都沒掉。

她的母親，陪在她的身旁照顧著她。

「奇怪，巧薇已經睡了兩天，現在怎麼這麼清醒？從早上她知道妳要來，就一直在等妳！」母親說著感傷處就哭了，我只好將她帶出病房，讓她好好地大哭一場。母親說：「就

等時候到了吧！上帝自有安排。」

看著自己心愛的孩子走向生命的終點，該是如何的無奈與心酸啊！

將近 40 分鐘的時間裡，這位不到 40 歲的年輕姊妹，不斷詢問我，與我失聯的時間裡，我在忙些什麼？有沒有找到可以依靠的人？我實話告訴她，並謝謝她不斷給予我的祝福。

「於廷姊，我想要一本『圓緣』的書可以嗎？我要快點好起來，去跟姊妹們聊天，我也要當志工！」她看見我身上戴的白玉藥草觀音，稱讚祂很漂亮，於是我取下將祂放在她的手上，篤信佛教的她，握著祂祈求了好久好久……。

「……就等妳好起來啊！下午妳的孩子們要來看妳，妳休息一下吧！」我說。

「我可以抱妳嗎？於廷姊？」

「保重。」聽到巧薇的要求，我當然非常樂意，彎下腰緊緊抱了抱她，希望透過這個擁抱，給予她一些安慰。

當我要離開時，她還是笑著，笑笑地揮手與我道別，沒有說再見。

值班後，我將書送去病房給她的母親，即使我知道她已無法看書了，但答應她的事，我如約做到，這樣就沒有遺憾了……。

又一個年輕的生命即將流逝，她的母親看見我，對我說：「妳很幸運。」

我想是的，感恩老天，讓我還在這兒。

雨停了，我還在⋯⋯

　　生命的離去是一件斷裂的事情，斷了對生者的連結，所有想要對她說的話，想要給她的祝福，都只能成為單行道，單方面揣測這些話語和祝福，最後會被誰聽去？是否收得到？

　　也許我是幸運的，但同時我也很努力，堅持全程的治療，才得以站在這裡陪伴病友，創造屬於我的未來。

08

我們的幸福
在哪裡？

她不敢
因為他年輕
她猶豫
因為她是男子父母的友人
年齡或許可以不是問題
可重點在於
她是一名乳癌患者……

　　20 多歲，年輕、高大英挺的他，跳脫出父母的事業版圖，創建了屬於自己的企業王國。

　　在父母親的介紹之下，認識了錦華，因為同質性的工作，又有專業背景，兩人惺惺相惜。錦華熟齡的魅力與獨特的風華，都吸引著男生，讓他決定靠近。

少年有成的他，愛上大 18 歲的她

　　男生的父母因為生意關係，從小就將他交給外婆照顧，養成獨立的個性，也因為家境優渥，所以他很早就自己創業，擁有自己的房子跟高級的車子。曾經問過是不是因為缺少母愛而有戀母情結，他卻不認為如此，他只是喜歡女生獨立、成熟，還有熟女擁有的魅力。

　　當錦華告訴我這個故事的時候，我很訝異，也很感謝她的信任，而她的痛苦，我想我也是可以理解……。

　　他的父母在他面前讚賞錦華聰明善良的時候，絕對是將她當成朋友，而不是兒子的女朋友。他擁有太豐厚的先天條件，以及可以平步青雲的優勢，在父母的期待裡，絕對認為兒子有能力可以擁有更多更好的機會。

　　可是，兒子偏偏愛她，愛一個大他 18 歲的女人。

　　然而，她不敢，因為他年輕；她猶豫，因為她是男子父母的友人。

　　也許在現今的社會裡，年齡相差了 18 歲，或許可以不是問題，可重點在於：她是一名乳癌患者，抗荷爾蒙的治療，讓她根本無法為身為獨子的他傳宗接代。

　　沒有可能的未來，她蜷縮地躲在蛹中，逃避內心的任何悸動。

　　理性的她，逃避；感性的她，感動；堅定的他，在整整

一年的努力之後，她終於接受了這段難以被祝福的情感。

「等有了適合的女子，我們就結束好嗎？」最後，她點頭的同時，畫下了一道停止線。

他悶聲，不回應。

這期間，他事業版圖越見寬廣。

錦華理解世界越大，距離越遠的道理。當他的父母不經意地提及兒子在工作上的成就，以及想媒合名人之女成為媳婦的言論，錦華也只能聽，儘管心就像被針密密麻麻的刺著，仍然無法言語，未曾停止過的愧疚感，越發不可收拾。

不被祝福的愛情

那天，他登上了媒體版面，高壯的身影，站在商場老董的側邊，笑容如此耀眼，卻灼傷了她的眼，近5年的歲月相依，她毅然決然地讓風箏斷線。

「別放手……。」他哀求著，可最後，他的世界裡再也沒有空間容得下她。

每當我看見她時，她總是聽著陳昇唱著的《風箏》，默默流淚。

感慨萬千的寫下這個故事，感嘆在愛情中善男信女的辛苦，到底勇敢追求，是對抑或是錯？世俗眼中的對與錯，是絕對的嗎？這個故事可能是別人口中的遊戲而已，然而在當事者心中，有可能這般雲淡風輕？

在他們相知相守相愛的數年裡，不能曝光時，是什麼成為這段愛戀可以延續的唯一理由？他們愛得如此艱難，卻又如此肯定。

時間從來不會因為誰而停留，他已經超過了適婚年齡，家人聲聲急著催婚，隨著他的代步車從30萬晉升到600萬、

隨著將愛孫帶大的外婆漸漸孱弱的身軀，柔軟地懇求著：「快點圓滿阿嬤的夢想，我想要抱曾孫子。」這個時候，相不相信錦華終究沒有哭？

也許是在投入這段感情時，就知道會是這樣的結局，錦華最後沒有掉過一滴淚，只是深深擁抱住他，轉身再也沒有見他一面。

她很慶幸生命裡面曾經有他的出現，彌補了她曾經缺乏的愛；她更慶幸，他的家人從頭至尾未曾知道這件事情的真相。

愛情可以無關乎年齡的差距，可以不在乎貧富，也可以不在乎身高跟距離，但現實真的很難讓人瀟灑。

錦華讓我看到愛情裡面，還是有絕對的簡單與堅持，我慶幸我的姊妹曾經擁有過這一段無法被他人祝福的愛情。

但你相信嗎？我祝福。

不同的世界，決定不同的眼界。

癌症患者生病是事實，可誰有權利去評價或剝奪癌友們追求幸福的權利？

曾經也有癌友訴情於我，之所以婉拒，單純是無法接受他的價值觀，當時他一時氣急，脫口而出：「妳也是癌症病人，也只能交往癌症病人啊！」

真的是這樣嗎？以前的我或許會接受這樣的說法，但現在強大的我卻會認為：「不是我有沒有，而是想要或不要！」

Part 3

最後，
我們都哭了

妳說，這是我們的故事，沒錯，我把姐妹之間的陪
伴心情，全部化成文字，寫在這裡。疼惜每顆受傷
的心，大笑一場、大哭一場，日以繼夜地用力記憶
下來。
這份離去，於是有了延續性的存在。再次翻開故事，
發現妳還在⋯⋯。

01

妳過的是
誰的人生呢？

走絲，在茶杯上慢慢游移
在茶書院中的意境中
我們曾如蛻赤裸地剖心
當我仰起頭看向藍天的時候
還是常常想起那朵漂泊的雲……

她的名字裡有「雲」，代表著不安定的靈魂，不過送給我的牛皮色記事本，特地題上的字卻顯得老實端正，完全沒有「雲」一般的自在灑脫。

　　收下這份愛心的同時，順手拿起毛筆，妳的單名就被我揮灑出來。

　　我喜歡那樣寫字，沒有框架，帶著些許灑灑。事實上，因為化學治療後導致皮膚變薄、指紋變淺，少了摩擦力，已經很難握筆，只好用相對容易的揮灑方式，也就寫出了無拘無束的感受！

愛心早餐到我家

　　記事本的封面，貼上日本旅行時隨手撿拾的楓葉，素雲用蝶古巴特膠那麼樣細細雕琢著葉落的方向。記得日前，她還特地打電話來問：「該怎麼把這本手作筆記收尾啊？」我笑笑地說：「無印良品的感覺，就用最原始的麻繩綁上去，就可以了呀！最單純的最美啦！」

　　「妳吃早餐了嗎？」有一天，約莫清晨7點半，接到她的來電。

　　「還沒。」我躺在床上勉強應答。

　　「我在妳家樓下，我帶早餐給妳吃哦。」她說。

　　「在我家樓下？」我一時驚醒，差點沒翻下床。

　　公寓一樓大門是壞的，外人隨時可以上來，一大清早，沒有任何理由推託不在家。

　　但沒事先約好，略有為難之感。

　　打開大門，進門是客。儘管禮貌輕柔地招呼，但臉色很難假裝。

　　打了招呼之後，她的視線落在牆面，定定地佇立在我家那一大片的照片牆，就像定格了幾分鐘，她仔細端詳了裡面

的每一張照片，上頭有許多她認識的人，當然，裡面最多的
是我。

「好羨慕妳呀，好希望能擁有一片屬於自己的照片牆。」
她不斷讚嘆。
「哈！這有很難嗎？」同時為她沏上一壺舅舅種的茶。
「妳為什麼那麼勇敢？可以在一面牆全部貼滿照片呢？」
「妳覺得呢？」我問。
「我喜歡，真的很喜歡……。」她沒正面回話，卻持續
說著。

一般人看到這面照片牆都會以為我自戀，然而事實很簡
單。
第一張貼上的是 2014 年，在中國醫藥大學做「生命教育
分享」的講座文宣，個人很喜歡標題的「絕處逢生」四個大字，
所以把它貼上油漆斑駁的角落。接下來，因為入選台灣癌症
基金會的抗癌鬥士，那時集結心情故事，需要繳交許多個人
照片，成書之後就寄還相片，突然覺得收進抽屜裡可能永不
見天日，不如就把它貼上去啊！
於是，就擁有一面別人可以解讀成自戀的照片牆。

「我覺得這樣很好啊，每一天都可以看到不同時刻的自
己。」我興高采烈地說，「妳的人生，何嘗不可呢？」心心
念念著，希望有一天她也可以。
她淺淺的笑著。不言。

清晨喝茶，赤裸剖心
一起吃著燒餅，品著五舅舅在古坑山上親種的高山茶，
香味絕妙，有種幸福的感覺。

我知道素雲這麼早來找我，絕對不只是吃早餐這麼單純而已。

　　品茶之後，她走到窗台，看到了迷迭香，她問：「可以讓我剪下幾支嗎？」我沒多說，拿起剪刀就剪了一把給她。

　　「做菜的時候煮雞肉，福哥喜歡加一點這個……。」她突然幽幽的說。福哥是她的先生，我們有過數面之緣。

　　「有需要的時候就來剪吧，不用客氣的，它會繼續長大。」

　　「謝謝……。」隱約傳來一陣氣音。

　　「免客氣！」我拍拍她的肩。

　　「如果沒有送給妳，我還是會把它截下來，紮成一個圓串，就像聖誕節的花圈一樣，掛在門口銅鈴上，我喜歡那樣的感覺。」打開大門展示給她看。

　　「難怪剛剛在門口就聞到了熟悉又陌生的香味。」她說。

　　「這不就是日常嗎？」我答。

　　「誰會像妳這樣浪漫啊……。」她調侃地說。

　　「就妳呀！別懷疑就是妳，素雲。」我答。

　　「這麼明顯嗎？可是我沒有妳這麼勇敢？」她的眼眶開始紅了。

　　「是不明顯啦，但是眼盲的都看得懂。沒有幾個人會以大提琴的音樂當作手機鈴聲，也不會有太多人跟妳一樣喜歡詩歌。」我慢慢地說。

　　「詩的浪漫，絕對無關閱讀，品的是風月。」她流下了眼淚。

　　「想說什麼嗎？」我問得很直接。

　　「我可以知道，最後會遇到什麼狀況嗎？我轉移了……轉到骨和肝！」她終於說出內心的擔憂，「妳陪伴那麼多姊妹，相信妳可以告訴我，應該準備些什麼？」

光線，在茶杯上慢慢游移，也不過才早晨 8 點多，在茶香陪伴的意境中，我們如此赤裸地剖心。

「妳可以接受我說到哪裡？」我問。

「一直到最後，全部都告訴我，拜託了。」她篤定地看著我。

「嗯，如果真的到了那一天，妳想以怎麼樣的方式到達最後一哩路？有什麼想法呢？」我緩緩地說。

「想穿上我愛的衣服，我痛恨我的夫家，不想要跟他們的祖先牌位放在一起。我想要跟我的爸爸、媽媽，跟我從小長大的家一起入鏡拍照……。」

「非常好，那妳打算怎麼做呢？」

又是一陣安靜，彷彿聽得見秒針的移動。

我想要……，我都明瞭……

「我兒子的女朋友是位有品味的服裝設計師，我想，可以請她為我量身訂做一件喜歡的衣裳……。」

「我想要秋香綠色，我也想要帶一點中國風飾品……。」

那應該很柔美有氣質，非常好啊！我點頭示意。

「還有……，我想要先試妝，搭配我的秋香綠色，看看最後會是什麼樣貌？」她頭一歪，陷入想像中。

「這個沒問題，群組裡面有兩位和我很親近的美容師，可以協助幫忙。但妳真的做好準備了嗎？」我說。

「是。」

「不過，牌位是比較大的問題……。」她臉一沉。

「畢竟妳有婚姻，應該跟先生好好商量。」

「他絕對不會同意！」她些許憤怒地說著。

「那麼，若妳自己買好了塔位呢？」我回應，「麻煩妳不要給我答案，留在妳心中就好了！」

妳得自己選擇自己最後的安居之所，沒有人有權利介入，我也沒有想要承擔這樣的重量。

　　她突然娓娓道來，缺乏忠誠的婚姻，帶給她自卑與痛苦，一路到罹癌後⋯⋯。

　　她提及《麥迪遜之橋》，女主角面臨車門開或不開，最後那個決定時刻的掙扎與辛苦，我也是女人，當然明白，遺憾沒有解藥。

　　在流淚、哭泣、微笑、狂笑的過程中，陽光悄悄離場，換成了月光，時鐘指向 9 點，整整 10 幾個鐘頭，除了早餐燒餅，只有女兒在中午為我們煮了幾顆水餃果腹。

　　我籠罩在姊妹這一頭的低風暴，屋裡另一頭，悄悄醞釀起另一場高壓。

不夠諒解的先生，瀕臨崩裂的家

　　女兒本來等著帶我出門，卻因走不了負氣呼呼。面對一直哭泣的姊妹，我背棄了與女兒極不容易的約定。

　　當素雲終於離開我家的時候，我才能好好和女兒解釋，情非得已，但下次一定留意。

　　環抱著志工服務熱忱的人，家人自然無可避免地受到牽連，但這些是有意義的事情，告訴自己勢必有所犧牲，既然要持續下去，就得取捨。

　　後來，素雲真的著手量製她的壽衣了，而且一次付清五位數的款項。

　　那麼細緻的領口及微寬版的袖，果真為她量身訂做，彷彿印上她的名字。

　　可以協助彩妝的美容師錦欣已經康復，隨時準備完成她的夢想。但是卻遲遲地沒有收到素雲後續的回應。

　　另一位美容師孟如，也是轉移的姊妹，她們曾約了第一次，後來也莫名其妙被放了鴿子，彷彿這個約會從來沒有出現過。

　　再度約了第二次，素雲依然爽約。

　　「她也許尚未做好準備吧！」孟如貼心的說。

　　那一晚，終於打來電話。

　　「哈──哈──哈──，我覺得好好笑喔！死都死了，顏色不知道是黑還是白，現在試妝，根本不會是死去時候的膚色啊！哈哈，突然覺得自己好好笑喔！」

　　電話那頭狂妄的笑著，跟那個有著古典氣質的她，截然反差。

　　我只是聆聽，沒有評斷，不帶任何情緒。

　　也許，她只是有點退卻了。因為莫名的害怕。

　　想回娘家拍照的這個夢想，我協助詢問了台灣癌症基金會的抗癌鬥士，一位很年輕的攝影師，這位抗癌鬥士願意以打工換宿的方式，前往美麗的花東，為她和她藍天白雲的故鄉、摯愛的父母，在家門口的石階上，留下美麗的痕跡。

　　只是她的身體狀態每況愈下，越來越疲累。

　　於是她的兒子開始請假，帶著她漫遊台灣。

　　然而，她的先生福哥認為他們在散漫過日子，越來越不諒解，家裡看起來幸福和諧的表相，慢慢擋不住崩裂的速度……。

　　福哥在人前對她呵護備至的表現，讓她越來越痛苦。

　　「妳知道嗎？現在花的錢是娘家父親給我的，結果父親生病了，先生卻不讓我回去探望，他覺得父親是兄弟的責任，不准我回去耶！」她略微嘶吼著，雙眼都漲紅了。

為了維持先生的形象，她在外絕口不說他的是非，永遠氣質淺笑，是所有姊妹對她的印象。

「妳過的是誰的人生呢？」內心不捨的試問。

我不想，也不需要戳破這顆粉紅氣球，就讓她維持她想要的尊嚴，這樣最好。

陪我去吃肯德基！

「陪我去吃肯德基好嗎？這一次我們不要吃素食。」最後一次來找我，看得出想要任性一次。

「好啊！那有什麼問題！」心想，可能是最後請求的小願望。

果真點了一大桶的炸雞，開始怒吃，「怒」是一個狂妄的形容詞，但形容她那時候的感覺，確實再真實不過。

一反常態地加了胡椒，想在原來就會辣的炸雞腿上，加上更濃烈的辣，連吃了兩塊之後，她勸說我再吃第二塊，但我沒有。

她笑了，吃得真爽快！

「真的不吃了喔？其他的，我會帶回去給福哥吃喔！」這樣有違常態，難得一見的豪邁，成了我們最後一次見面的記憶。

2016 年 3 月，我去了一趟關島，才剛抵飯店，就有姊妹打電話來，告知她入住醫院的消息。

在關島用手機緊急聯絡專業護理人員前往協助，知道許多人陪在她身邊，心中異常平靜。

因為我知道，該說的，我們已經說完了，該做的，也已經盡可能完成了。

　　記得那年的生日，朋友為我特製了一個完全養生的蛋糕，當我唱生日快樂歌給自己的時刻，請女兒錄了一段影片，想把屬於我的祝福一併傳給妳——素雲。

　　「謝謝，我收到了⋯⋯。」妳在電話那頭，微弱地說。

　　氣聲虛弱，就像站在懸崖邊緣，風呼呼地吹。

　　當我仰起頭看著藍天的時候，還是常常想起那朵漂泊的雲，想問：「此生，妳過的是誰的人生呢？」

　　此刻，終於可以像她的名字一樣，自在灑脫吧。

　　雲，隨風飄遠，自由了。

雨停了，我還在⋯⋯

　　每個隱隱的疼痛，在每次深夜襲來，是折磨，也是蛻變。一個人的選擇，決定了他的方向。

　　告訴自己要勇敢，勇敢面對眼前的風雨，所以更要勇敢面對身體的烙痕。

　　因此，敢於追求，敢於說出自己的要與不要，為罹癌的姊妹們發聲、轉送資源，也為自己美麗，佈置照片牆，看見每一個階段呈現的自己，活出屬於自己的精彩人生。

02

無常先到，
　　還是**明天**先到？

「為什麼不讓我知道？」
臨別離苦，其意是怕妳難過
最後發給妳的訊息
知道是再也不會被讀取了⋯⋯

「於廷姊，妳夢見翊真了嗎？」

當我收到妳傳來的訊息，已經明瞭妳也知道翊真的事了。

兩個月以來沒有任何聯絡，看見妳的訊息，沒有一分鐘的遲疑，立刻就回撥了電話。

另一頭傳來的語調，既失落又悲傷……。

說好的一輩子呢？

「我看見她了，她已經不認得人了……。」

「於廷，妳一直都知道，是嗎？」話中並非指責，卻有著委屈。

「我不懂，為什麼最後一哩路，她不讓我知道？說好的一輩子當姊妹，不是嗎？為什麼不讓我陪？」妳始終沒哭，只是深刻的沮喪。

「說好的一輩子呢？」喃喃地回溯著幾月幾日的對話，那些妳和她最後的訊息往來，一句句念著。

同為乳癌四期的姊妹，在妳回醫院進行化療的時刻，一直追尋她的消息，終於在醫院得到了確定。

「不甘啊！」不斷重複著。

未曾落下的淚，可以想像，絕對比落下的更為沈重。

「為什麼不讓我知道？」除了不捨她受苦之外，這才是妳最在意的地方。

首先，我得說明我確實知情，一來，在她開始不舒服的時候，她很明確地打電話告訴我情況，開口希望能為她圓滿一些事。

二來，在她開始進行更辛苦的療程之前，希望我可以幫她找到治療期間所需要的資源。

「希望妳不要讓其他姊妹知道！」這是翊真最後託付我的事。

　　「我答應妳，也請把自己照顧好，努力抗戰，才不違背一直在前方為姊妹樹立的標竿。」我說道。

　　那陣子，我必須反覆陪同父親看診，接著已經預定的出國也無法變更，於是乎，在 Line 群組當中尋求支援，由分散的三處，分別寄送需要的資源到她的地址。

　　出國之前，她感覺自己的身體狀況特別好，在電話中重點談論近一個小時，討論還需要協助的部分，以及滿滿的感謝與請託，我以為她撐得過去，再次創造奇蹟。

　　當我到了泰國之後，傳來她收到物資的感謝訊息，等我渡假回來，那段期間發給她的訊息，再也未曾讀取了。

祝福別人，並不困難啊！

　　我信守約定，為翊真保守了秘密，直到妳自己發現翊真走到了臨終時刻。

　　善良的翊真，一來不想影響群組中眾多四期姊妹的信心，二來，四期患者如她，毅然停止治療一年半，尋求另類療法——練功、咖啡灌腸、施打高劑量維他命等非主流醫療。

　　許多姊妹為她感到擔憂與不安，也引起許多閒言閒語，瀏覽群組時，明顯感受到不被祝福的沈重壓力，迫使她成了一隻離群的羊。

　　「祝福他人，真的有那麼難嗎？」我常常難過地想。

　　「請妳稍微想一下，真正讓翊真受傷的部分，好嗎？」我問。

　　「我沒有這樣看笑話的想法，只是覺得她太大膽，居然敢停止治療。」妳說，也許是受到誤解，面容突然一陣扭曲。

於是，我對妳轉述翊真那段時間的悲痛：

我愛我的主治醫師，絕對相信醫師為我而為的所有事。

我也尊重自己的選擇，因為停藥，才擁有好的生活品質。

我為身體的努力，是要讓自己變得健康，也因為停藥的決心，才享有更多美好的時間，可以跟我愛的家人們聚在一起，這是我的選擇。

我多麼希望得到的是祝福，還有尊重。

更重要的是，期待被看見我為生存所做的所有努力，能夠得到肯定。

我只能繼續昂首往前走了，感受到不被祝福，等待被看笑話的心情，太負面，只好選擇逃離……。

「親愛的，妳在醫院中，尚且看得見她，趁還有機會，她的耳朵會聽見妳說的話，如果願意信任我，可否前去見她，當面向她介意的事致歉嗎？」我說。

妳點點頭，第一次情況不適合，所以妳離開病房，第二次，卻是心情上無法做到。

直到第三次，妳見到她先生牽著翊真的手，妳繞過病床，牽起了另一隻手。

誠心誠意地致上歉意，並在緊握依然溫暖的手心，表達妳的關愛，久久都捨不得放掉。

翊真的臉上，彷彿有些什麼變化，眼角微微地彎成了一道小橋。

說出對不起，對任何人都不是一件容易的事。

感謝姊妹勇敢地做完這件事，我也就不違所託。

道歉、道愛、道別、道謝，全部完成後的隔天早上，翊真走上了那條迎接她的橋了。

雨停了，我還在……

　　不知道無常先到，還是明天先到？但老天永遠給予最好的安排。

　　感恩一切的因緣，祝福一位如此深愛著我的好姊妹，圓滿了所有的心願，遠離病苦，成為了守護姊妹們的天使。

　　她熱愛生命的信念，將永遠存在姊妹的心中。謝謝她與我們生命中曾經交會的美好時光。

03

在妳去的地方，
持續綻放

女人再強
最終
還是想要有個可以依靠的肩膀
謝謝你願意做我姊妹的望妻石
帶給她活下去的力量

「我的 CEA 值很高，上回做了正子攝影，正等待看報告……。」坐在候診室的椅子上，先生緊緊牽著佩雯的手，這是我第一次見到他，傳說中的男人。

過去，佩雯都是自己獨自一人，從離島坐飛機來醫院做化療，總是五彩斑斕的打扮，樂於與人分享的特質，讓她擁有好人緣，即使是在醫院這種比較沈悶的門診外，依然可以看見她難以隱藏的大姊頭風範。

再強，都想有個依靠的肩膀

「過去都在打拼，風光了一輩子，生病了，才知道先生這麼好！」四個月前，有天她突然想找人聊聊。

在海外工作的她意氣風發，先生則住在純樸散漫的離島，兩人過著截然不同的生活，癌症治療的過程中，雖然先生都無法陪她就診，但回到家中，他全然負責飲食起居，把她照顧得無微不至。

「他就像一塊望妻石，一直矗立在那兒，等待我每個月從海外回來……不曾埋怨……，此時才體會到女人再強，最終還是想要有個可以依靠的肩膀，我真的很謝謝他！」

原來，他倆相遇在年少輕狂的歲月，13、4歲就有了兒子，孩子出生後，因誤解而產生分岐，當時過於好強，於是結束了短暫的婚姻關係，各奔東西。

直到兩年前，在雙方都未曾再有伴侶的情況下，由唯一的兒子媒合了兩人再續前緣，復合後，佩雯姊一手扛起照顧公婆的責任，直至老死。可也沒想到，接下來，她竟然被診斷出乳癌。

治療狀況曾有一陣子極好，她總會帶著媳婦一起參加我們姊妹間的活動。再過一陣子，突然發現脖子上面多了另一顆腫塊。

聰明的她，了然於心。

「我想，可能無法陪他到老了，所以蓋了民宿，如果孩子沒回來，至少，有遊客可以跟他作伴，他才不必孤單……。」她幽幽地說。

「等等，我看見妳的望妻石了！」我用下巴指著前方。

他迎上來，牽著她的手，給了她極大的信心，衷心地希望能平安的渡過這關。

10 幾歲就跟我，不甘看伊受苦！

但是，事與願違，老天爺沒讓她幸運很久。脖子上的腫塊越來越大，往裡頭生長，並影響吞嚥，漸漸地腹水、肺積水一起出現，因而常常急喘。

住院階段，從群組的照片分享中，她看見了我的鐵線蓮，表達想看看「本尊」。

當然義不容辭地從花架剪下，準備了一隻寶特瓶，裝滿了水，來到她的病床邊。而且，還沒忘了綁上個美麗的蝴蝶結，當成裝飾品。

「鐵線蓮，好特別哦！真的好美哦！我真的好愛！」每位護士進來定時檢查、護理時，無不讚嘆有加，並且表示幾乎沒有看過這種獨特的花。

「於廷，請答應我，等民宿蓋好的時候，可不可以把妳的鐵線蓮也種在我家？想要綻放在我的民宿花園裡。」

我肯定地給了承諾。

那一天，我帶了姊妹特地做給我的紫兔娃娃，送到她的身旁，她一把將它抱在懷裡，捨不得放開。

「我帶來姊妹的愛，為妳打氣哦。」我說。

我看見了眼角的淚與笑，她點頭示意，表達感謝。

病情走到後期，已經說不出話的她，以我們可以理解的方式，和我們溝通。甚至，用疼痛的手，為難的在紙張上寫下想跟我說的話：「想吃美食，希望健康──」

我摸摸妳的頭，稱讚勇敢。

握著妳的手，同感這份辛苦。

老公在一旁細心照護著，捨不得離開一分一秒，讓人看了十分感動。

「想要跟妳說些什麼嗎？你曾對她說過『我愛妳』嗎？」我問忙著幫她整理頭巾的大哥。

「她 10 幾歲就跟了我，當然愛啊，我愛她！」大哥說，「現在，是⋯⋯不甘⋯⋯真不甘啦！」眼眶馬上紅了一片。老男人的淚，讓人止不住的疼啊。

鐵線蓮，為愛延續綻放

眼角泛紅濕潤的三人，各有各自的悸動及感動。

不忍打擾太久，問她累了嗎？她示意點了點頭。

「謝謝你們兩位，從你們身上看見夫妻共患難、相扶持的真情感，相當難得，很是珍貴。謝謝你們讓我得見！甘溫。」我紅著眼，準備告別。

此時大哥突然若有所思，出去張羅杯水，好像要留給我們一些空間。

佩雯姊居然靠攏腫脹疼痛的手，硬擠成雙手合十，睜大眼，望了我許久許久。

　　「妳表達感謝的眼神，我懂得。」忍住淚，回以合十。
　　「謝謝妳，親愛的姊妹。妳用寶貴的生命，讓我學習了最珍貴的課程。妳捨不得我寂寞，我真的懂……。」

　　隔日近午，她平靜地走了。
　　大哥打了通電話，執意讓佩雯回到還沒有完成的新家。我則代她表達，在台中完成身後事的心意。
　　大哥仍執意包機，請我們後續前往離島送別。

　　關於伴行者的模式裡，我永遠沒有參與告別式這件事的可能。
　　於是，我剪下一節鐵線蓮，放在書桌的對角──「凝視她，記得妳。」

　　多年之後，大哥來電，新家完成了，沒有開成民宿，卻是一個完整而溫馨的家屋。我依約跟我的女兒，還有她的兩個朋友，一行四人前去觀察我的鐵線蓮，是否有辦法種在那裡？抵達菊島，感受到熱情似火的太陽，絕對讓鐵線蓮無法存活啊！

　　但我依約的來了──
　　沒有去任何一個觀光景點，只是依照承諾的來看妳。

　　我相信，那株無法存活在佩雯姊後院的鐵線蓮，依然會美麗綻放在她的心中。

重生（易過 ——·）

雨停了，我還在⋯⋯

　　花開花落都是生命，透過種花照顧自己，是我的方式。

　　重生後的我，是一個認真把自己過好的人，日常午後在草地上踩踏地氣，健走、跳有氧放鬆身心，轉化關懷時碰到的負面能量，找到足以溫暖自己的光源。

　　擔心無法陪誰到老？那麼就好好陪伴自己吧！

　　每個罹病的人都辛苦，做自己的英雄，吃想吃的，見想見的人，擁抱想擁抱的人。過好每一天，比起任何的計劃與願景，來得更重要！

04

在安寧病房，
剪指甲

因太太往生
而不敢再觸碰醫院的男人
和因離婚
而沒有接觸過其他男性的女人
就在這個病房裡
藉由剪指甲撫慰了彼此
也相互圓滿了失落的一角

「妳要一起來嗎？」癌症資源中心舉辦音樂輔療課程時，我在二樓遇見了孤獨的心華。

她點點頭，於是帶領她一起到地下二樓，與課堂學員們會合。

當我們隨著音樂揚起而投入時，一旁的她，聽著聽著，居然就睡著了。

課後，輕輕將她喚醒，她說：「好久沒有人陪我了，我喜歡音樂，好好聽，我也好久沒有這樣睡覺了……。」心華露出一個害羞的表情。

「如果妳喜歡，下星期可以再來喔！」

體重一路往下，令人怵目驚心

我們就這樣牽起了緣分，心華開始固定來上課，和癌症資源中心的黃護理師、音樂老師們，以及我，慢慢變得熟絡起來。

她喜歡在對話之後加上一句「感恩」，非常客氣的一位大姊，很純樸，也很簡單。看她一個人來去，不免心想：「為什麼她這麼孤單，總是一個人呢？」後來才知道，她在年輕時離了婚，背後肩負著崎嶇的故事，不忍多問。

那天看完血腫科門診，她站到體重計上，上頭顯示著「34」，多麼怵目驚心的數字，瘦弱的她，可說是自己一個人和轉移後的癌魔孤獨奮戰著。

她租了間靠近醫院的小房子，就近醫療，有一天，她邀請我到植物園看看她，坐在草地上享受著陽光洗禮，正好忙完工作的我，帶著夥伴蘇先生一起前往探望。

蘇先生的太太死於子宮頸癌，他總是說，如果當時太太能遇見像我這樣的志工，那就好了。

體貼的他，為了讓我們兩個女生有個獨立的談話空間，

他獨自沿著小山坡撿回一些雞蛋花，送給今天的主角。

心華用著近乎沙啞的聲音說：「蘇先生，再去撿一朵紅色的吧⋯⋯。」

初次見面的蘇先生也欣然同意，往另一頭走去。

於是，得到這份禮物的心華，先把黃雞蛋花圍成一圈，再放進紅花，對我說：「於廷，這個紅花就是妳，醒目、耀眼！」

我用手機記錄下這份美麗的成果，裡面只有她的雙腳和襪子入鏡，並沒有拍到她的臉，對於癌末姊妹來說，除非對方同意，否則我不輕易拍攝她們的面容。

中秋夜，陪伴讓心變圓

中秋節，蘇先生送了柚子跟月餅給心華。

她說好吃，也說了感恩，孤獨多年，終於有種團圓的感覺。

只是，她覺得身體每況愈下，於是決定入住安寧病房。

她想要詢問安寧病房的相關事情，當時的我，以為蘇先生的太太歿於安寧病房，心華就想要直接請教蘇先生。

我和蘇先生來到她租的小房間，她的弟弟、弟媳，還有妹妹都在場，蘇先生撥了柚子，極度不舒服的她，淺嚐了兩口即止，還是不忘說感恩。

這時，妹妹搶先發聲，堅持要她入住安養中心。

可是她心意已決，決定入住安寧病房。

當中她說道，擔心自己身後事會對子女造成負擔。

「如果真的到那一天，家人無法為妳處理的話，那麼至少會知道有一個方向可以讓妳安心⋯⋯。」我引介「台灣國際同濟會中區太峰同濟會」予以協助。

一位朋友發心想要送尊玉觀音給癌友，我直覺想到心華，

當我把觀音像轉交到她手上時，驚覺好冷的體溫，但熱燙的淚水早已從她的眼眶奪出，之後觀音就一直掛在床邊。

「祂會陪伴我的，感恩。」她雙眼微閉，細聲細語地禱告著。

這輩子，幫我剪指甲的男人

不久，心華如願入住安寧病房了。

我的工作夥伴蘇先生，似乎沒有辦法放下這段緣分，他說想去安寧病房看看她。

我們到達安寧病房的時候，心華正好洗完頭，還沒有吹乾。

站在床沿的蘇先生，突然看見她的指甲已經很長了，便開口跟我說：「需要我協助跟幫忙嗎？」

我覺得一陣為難，不知如何回應。於是站到床頭，先幫心華用吹風機吹乾頭髮，蘇先生則拿出自備的指甲剪，用眼神示意心華，獲得默許之後，彎腰為她整理了手部和腳部的指甲。

她，默默流著淚。

「蘇先生，你是這輩子第二個碰到我的男人！這輩子幫我剪指甲的男人，卻只有你，我們這麼不熟悉，你卻對我這麼好，真的感恩。」

站在床頭的我，早就哭花了臉，趕緊擦乾氾濫的眼淚，不忍心被心華發現。

我的感動在於，一位因為太太往生而不敢再觸碰醫院相關的男人，一位因為離婚而不再接觸其他男性的女人，就在這個病房裡，就在這張病床上，他們撫慰了彼此，也相互圓滿了失落的一角。

此時，我是一名局外人，只能負責感動。

雨停了，我還在……

　　我知道，這是最後一次見到心華，感動於她得到
被愛的感覺，也感謝她讓我在她的生命中陪她一段。
　　心華有個願望，想要一雙兒女、護理師和我，一
起去溪頭走走，但是直到最後，依然沒有機會實現。
　　她的家人安排了她的後事。
　　遠離病苦的她，相信再也不孤單，再也不痛了。

05

原來我
是詐騙集團！

她笑，不僅僅是因為化學副作用
而是那個———
沒有未來可期待的失落感
「妳現在先養好身體，
別放棄希望。」
我臺力安撫著……

「什麼？我是詐騙集團的成員？」聽到這個稱號，沒有生氣反而感到新鮮。

　　「從我認識妳的第一天起，妳說妳是癌症病友，然後又是癌症志工，雖然相信妳的為人，但是好難將妳和癌症有所連結！」雅均補充說道。

　　「我把妳的照片給我的家人看，都不認為妳曾經是癌症病人，我們倒覺得像詐騙集團！」

　　「哈！」換我大笑了起來……。

詐騙集團，聽起來也不錯！

　　說我是「詐騙集團」的雅均，確診時就是癌症第四期骨頭、肝轉移，屬於三陽性。醫師說需要立即進行化療和標靶，才有可能控制住癌細胞成長的速度。

　　「怎麼會？」她絲毫沒有心理準備，完全沒有辦法接受確診就是第四期，而且可能永遠沒極限的那種治療……。

　　時間要回到 2017 年 10 月下旬，我有幸參與台灣癌症基金會首次圓夢計劃，正當我將 Line 大頭貼更新成女兒在我拍攝婚紗的側拍照，有一位許久未見的友人——雅均，以為我結婚了，還特地打來恭喜我。

　　「於廷，恭喜妳結婚了！」她掩不住笑意的說。

　　待我說明這是一個為癌友舉辦的公益活動，久別了五個多月的朋友，才又重新接上了線。

　　不料隔了數天之後，她突然來電詢問：「我胸部長了一顆一顆的水泡，但是這些水泡居然會各自連結成為一個大水泡，妳覺得這是怎麼回事呢？」

　　「先不要緊張，妳是否有感覺體重變化？或是胸部摸到硬塊？」第一時間，我先試著問她。

　　她說，自己一直吃不胖，但胸部的硬塊是有的。而那些水泡各自連結成更大的傷口，自己擦藥了，也不見好轉。

　　我請她自己斟酌時間前來醫院就診，最後選了一個星期五的早晨。在等候區外，許多熟悉的老朋友們上前跟我打招呼，畢竟我在星期五的早上門診，真的待了好長的歲月啊！

　　只是身旁這位朋友非常緊張，此時前排的美女回頭過來安慰，告訴雅均：「不用緊張，只要接受正規治療就不需要過度擔心了。」

　　等待途中，由於太多人跟我打著親切且熱烈的招呼，超級緊張的她，居然大聲嘆咾笑了出來，我好難理解此刻的笑因何而來。

　　她這才娓娓道出，一直以為我是「詐騙集團」的心情。

　　「哈！」換我大笑了起來，當詐騙集團讓妳開心，也是挺不錯的一件事。

活著，為了找回健康的自己

　　當日馬上確診為乳癌，還有他處的轉移，因為有家庭和地緣性的考量，她沒有在我熟悉的醫院裡面做治療。

　　緊接著，開始與癌病抗戰的日子，經歷 18 次的標靶治療和化學治療，出現了噁心、嘔吐、掉髮、疲乏、食不下嚥的副作用，折磨著她的身心。

　　「到底可以活多久？這樣完全沒有生活品質可言，那麼活著到底要做什麼？」言談中，不時聽見她的哀嘆。

　　「我希望，有一天醫生評估停止化學治療，可以順利的動手術，切除胸部病灶⋯⋯。」她幽幽說著。

　　她哭，不僅僅是因為化學副作用，而是那個沒有未來可期待的失落感。

「我知道，我知道，妳現在先養好身體，別放棄希望。」我看著她日漸消瘦的臉頰，盡力安撫著。

一年過去，她仍處在治療輪迴中，雖然對於乳癌四期還是無法釋懷，但目前除了胸部還有一點點癌細胞之外，其他處都已經乾乾淨淨了。

她提到，現在最大的夢想就是超越醫學的極限，見證治療的奇蹟，可以跟癌症共處，和平過日子，期待回歸日常幸福生活。

於是，她開始每天早上 10 點固定到公園健走一個小時，在睡前冥想，放鬆身心的壓力與綑綁，與自己靜心對話，同時拼命吃、努力吃，試圖讓身體胖回來，也為自己很努力地尋求任何醫療資訊和營養資源。

終於，在正子檢查過後，醫生告知她一個好消息。

「雅均小姐，妳可以進行手術了！」姊妹們都替她感到喜悅。

果不其然，手術相當成功，醫生同步評估停止化療、標靶持續，她的心願一步步地達成。

不得不說，老天真的自有安排！

我從來沒有想過，一張婚紗照可以讓失聯的友人跟我連上線，並且發現自己罹患癌症的事實。

慶幸的是，我還健康的活著，還能為別人付出關愛，這才是生命最大的奇蹟。

雨停了，我還在……

　　透過這個故事的分享，想讓大家看見絕境中也會蘊藏生機，只要不放棄希望，勇敢前行。相信未來的她，也將傳承這份愛，成為他人生命逆境中的一位引路者。

　　此外，關於乳癌的三個指標，分別是：雌激素受體（ER）、孕激素受體（PR）、HER-2 受體。其中「三陽」指的是：ER、PR、HER-2 受體都是陽性的表現。

　　其實，不管哪一種類的癌症，最重要的是懷抱信心，遵循正規醫療，在醫療團隊的照顧與治療下，就能讓自己重新找回健康。

06

原諒我，
　無法**陪**妳到老……

當妳傳訊息給我的時候
就以信書作為代號
在白書遺囑上
她一個字一個字戰戰兢兢地完成
最終簽下姓名
完成這份得來不易的心願……

我在群組公開推薦幾本書，提供給有需要的姊妹們，其中包括《媽媽 我好想妳：給病人與家人的關懷手記（中英對照）》，一本溫暖的繪本故事。

「我想要借這本，可以嗎？」美蓮發了一個私訊給我。

「當然好啊！」當她前來取書的時候，我正好在離家不遠的地方，我要她在轉角處玫瑰開放的地方等我。

一路跟隨，發出求救的心聲

那時候，天空下著微微的雨，她的先生開車載她前來，下車後的她，居然不聽勸的尾隨在我的身後。

「妳的體力不好，待在這裡等我就好了，我上去拿完馬上就下來。」我體貼地說。

「於廷姊，妳有認識律師嗎？」停下腳步的她，居然開口問了意外之事。

「有啊！怎麼了？」我說。

「我先生限制我的行動，不讓我跟任何人互動，因為他知道娘家爸爸給我一塊地，還有另外一塊哥哥的土地寄放在我名下，我自己覺得身體快要不行了，我一定要趕快把東西轉移到其他的姊姊那裡去，否則就會……，不行，這樣就太對不起疼愛我的爸爸了……。」她邊說就要掉下淚來。

我的腦子像是被雷電擊中一般，在這之前，所有訊息都是她向親友借錢打化療的事，所以群組中也提供了許多資源給她。

「於廷姊，我的那塊地已經賣出變現，先生還不知情……，我的錢想留給小孩當教育基金，要怎麼找律師把這些事情說清楚？」她的聲音突然慌亂起來。

我瞬間秒懂。

「但是老公亦步亦趨地跟著，妳要怎麼和律師見面呢？」我問。

「唯一可以跟他分開的時刻，就是在醫院化療的時候，因為他不喜歡醫院，不會跟著我，可不可以給我律師的電話，但是請他不要聯絡我，等我方便，我就打給律師，針對需求，請求給予指導。」她彷彿想過細節作法，娓娓道來，「然後，我想麻煩律師在我住院的時候，前來醫院一趟，和我見面。」

這不是保密防諜的戲碼，而是真實上演的遺產攻防戰。

「於廷姊，當妳傳訊息給我的時候，就以借書作為代號，如果我說話有遲疑或沒回應，就是不方便，事後會再回撥，不要傳送跟這個事件相關的任何訊息給我，因為先生會隨時檢查我的手機，也會偷聽對話……。」

我點了點頭，默默為她的難為表示辛苦。

「妳要借書嗎？」──我們的通關密語

「天哪，我的天啊，這是人過的生活嗎？妳怎麼有辦法忍受？」我心中滿是不捨。

「他把工作辭了，就是故意要鎖著我，因為父親名下給的財產……。」她臉色暗了下來。

拿了書之後，她捧著沉重的心，走進了雨幕之中，往車子所在處慢慢移動。

因為明瞭她的身體狀況，也懂得她的焦慮，於是馬上聯繫多年前曾協助我的陳律師，好心的律師朋友一口就答應了。

正巧當天，我要參加ABC（乳癌轉移、復發）病友活動，於是委託值得信賴的春妹，和陳律師在醫院會合之後和美蓮見面，並達成初步共識。

果不其然，之後的幾次電話，先生都在旁邊盯著。

「這裡有幾本好書，妳要借嗎？」我們的通關密語。

「於廷，妳拍封面照給我看看，考慮之後，再打給妳⋯⋯。」她則回應。

如此這般，她和陳律師經過 2、3 次的輾轉與討論，大抵確定以「自書遺囑」的狀態呈現。

那天，決定前往律師事務所簽署遺囑，美蓮先請先生送她來我家，說明我們有幾位姊妹相約吃火鍋，因為生意太好所以要提早到，先生開車離去之後，我們兩個隨即轉身搭上小黃赴約。

來到了定點，在陳律師的導引之下，以她的意見為前提，陳律師的文稿為版本，由她一個字一個字戰戰兢兢地完成，最終簽下她的姓名。

坐在身旁的我，似乎聞到了腫瘤破裂的特殊氣味。

卡卡的肢體，可以感覺忍受著身心劇烈疼痛的她，是多麼努力的想圓滿這件事。

春妹及我，在一式三份的遺囑上，簽下了我們見證者的相關資料。

抬頭看，她沒落淚，但些許激動地說出感謝。

她取出兩份紅包給我和春妹，同時也呈上一份給陳律師。

「謝謝您願意來病房，讓我詢問相關事宜，這是我感激的心意，請千萬不要拒絕。」她再次向陳律師道謝。

現在，我可以放心輕鬆地離開了！

圓滿完成這件微小心願後，陳律師趕搭高鐵北上，春妹則自行離開。

美蓮與我，搭上 Uber 驅車前往她的娘家，將完成的遺囑

放置在父親的房間內，隨後她特地打電話給姊姊。

「阿姊，我的遺囑完成了，放在父親的房間裡，等到那一天到來，麻煩妳幫我取出來公告，還有兩條鑽石項鍊，請在女兒長大之後，代替我這位媽媽送給她們兩個，原諒我無法陪伴到老，這是身為母親的我，所能做的最後的祝福！」淚水在交代聲中滾落臉頰。

一週後，美蓮回診看報告，原來乾淨的肝，已呈現滿天星的狀態。

「於廷姊，謝謝妳……，還好我們完成了，雖然腫瘤一直沒有停止地長在胸口，也潰爛了，但我真的不怕死，只怕沒有保管好父親交託在身邊的東西，現在我真的輕鬆了，已經好累好累好累……好久了。」她在電話那一頭傾訴。

半個月之後，她住院了。

每天在醫院裡面最期待的事，就是女兒下課之後到醫院的陪伴時光，屬於她的溫暖時刻裡，她的先生，幾乎永遠缺席。

直到在世間的最後一個晚上，剛洗完澡後的美蓮，又吵著要洗澡，看護說剛洗過，我理解她應該是想要離開了。一位在現場的群組姊妹和她的先生聊聊後事：「準備得如何？」

她的先生非常明確地說：「已經和葬儀社談好了所有細節，只要呼吸停止了，就直接送往殯儀館。」

「不讓她回家了嗎？」姊妹問。

「家裡有長輩，所以就不了。」先生說。

清晨 2 點多，她平靜地離開，不再被禁錮與監視。

她沒有回到真實的家，卻得到心靈上最大的平和。

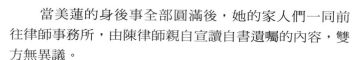

雨停了，我還在……

　　當美蓮的身後事全部圓滿後，她的家人們一同前往律師事務所，由陳律師親自宣讀自書遺囑的內容，雙方無異議。

　　關於自書遺囑，《民法》第 1190 條規定：「自書遺囑者，應自書遺囑全文，記明年、月、日並親自簽名。如有增、減、塗改，應註明增減、塗改之處所及字數，另行簽名。」立遺囑人必須親自到場，同時自行書寫，不可以代理，減少日後糾紛。若有相關遺屬預立之需求，可以進一步請教專業律師。

07

我想辦一場
原住民婚禮！

夢想終歸是夢想
那個始終未能完成的遺憾
就讓它安靜地放在心中
滿意生活的美好，真心期待
有一天在新種下的盆栽裡
將會冒出苿莉

曉樂有一雙圓圓亮亮的眼睛，高高瘦瘦的身子。她用了一個簡單明亮的代號，在我的群組裡取暖。

罹病之後，有一次她開口打電話給我，希望辦一場婚禮，我個人覺得這件事情並不困難啊。

「但是，我想辦的是一場原住民式的婚禮，以酋長女兒的公主身分，風風光光的嫁出去。」

果真是一個相當美好的夢想啊！

尚未接受自己是病人

「請教一下，妳是原住民嗎？」

「不是啊！」

「那麼再次請教，這樣要怎麼以公主身分出嫁呀？」

「妳是志工啊，妳幫我想辦法！」

面對這樣的請求，我一時無語。志工並沒有住在海邊，我該去哪裡認識一位酋長？還可以協助幫忙完成這件事啊！

有一次和約莫 20 位姊妹一起上山旅遊，其中包括她，但唯獨她拒絕合照。

我可以理解，她尚未接受自己可能被標記為病人的心情，因此不勉強她入鏡。

偶而，她會在群組發上一張覺得美美的照片，印象中的照片呈現，永遠只有她的側臉或背影。

然而，我覺得躲藏在陰影後的她，著實辛苦，卻不知道如何把她從黑暗中引導出來。

不到兩年，她已經轉移到肺部，但不想公諸於世，開始詢問我一些相關的訊息。

我的群組當中，有一些康復的姊妹提供了一些營養品，想要釋出給正在治療中的姊妹，她用私訊告訴需求，我也委

請住在她家附近的姊妹幫我送過去給她。

「於廷姊，妳可以幫群組當中的姊妹尋求補助和贊助，那麼可以幫我申請嗎？」她問。

「因為妳有屬於妳的房子，在有財產的狀況下，通常並不符合低收入的情況，我覺得這件事情可能有難度⋯⋯。」我回應。

當時，她一下子語調高昂起來，認為我獨厚群組中的某些人，我表示所有轉介個案全部符合低收入資格，並能提供證明，她如此理所當然的索求，似乎有些過度。

於是我知道，那一天的對話裡，我們讓彼此都失望了。

面對請求的兩難，斷線的情份

接下來，我經常打電話找她，卻都沒有回應。

某天下午，她用非常虛弱的聲音打電話給我，祈求我陪她去看診。

但因為早就答應遠在嘉義民雄的「生命分享課程」，再加上隔兩天就是協會所舉辦的旅遊活動，確實挪不出時間陪伴她就診。

我建議她，真的不舒服就趕快叫救護車，她不同意。

她說，她可以搭計程車前來，但要指定我與另一位熟悉的志工一起陪她。

事實上，我們兩個都因為旅遊聯繫而異常忙碌，我個人先行婉拒了她，因為還要準備民雄的演講內容。

「妳身體極度不舒服，怎麼不找未婚夫協助？」我問她。

「他有他的工作，我要顧慮到他的前途。」她回應。

我的心突然一陣難過，但很明確表示，目前幫不了現在

這個狀態，加上她也不願意讓其他志工幫忙，讓人十分為難。

「其實妳只要搭車到醫院來，服務台的志工可以協助妳到門診區！」我解釋著。

她果斷拒絕，我們也就從此斷了線。

婉拒之後，我打電話給另位志工大姊，我們兩個在電話兩頭，苦於幫不了她而感到難受，甚至痛哭。

兩日後，曉樂離開了人世。

每當我想起她，總是記得堅持想要當公主出嫁的願望。

夢想終歸是夢想，那個始終未能完成的遺憾，就讓它安靜地放在心中。

落實生活的美好，我們可以真心期待，有一天在新種下的盆栽裡，將會冒出芽來。

雨停了，我還在……

　　「志工倫理」中的「六要六不要」，其實正說明了擔任志工的路上，必須有所堅持，有所底線，以及可以奉行終生的信念。

　　不管是過度的索求，還是盛情的贈予，考量的點永遠不是單向，而是這份溫暖的傳遞，是否會造成別人的負擔。

　　這才是負責任的做法啊，我想。

08

30 歲妹妹，
深夜的**溫柔**對話

鮮活的人生，永遠都有趣味
什麼事情都可能會在下一秒發生
生命可以影響生命
這句話果然不假

「媽媽，以前要找妳，五根手指頭的地方就找到了，可是現在，都不知道去了哪裡？跟誰在一起？要不要找一天，邀請妳的朋友來我們家坐坐？」女兒歪頭說。

因為女兒的提議，我真的邀請了將近 20 位的朋友，來我家聚會。

頂樓加蓋，姊妹到我家

公寓頂樓上面有個空間，在前夫離開之後，曾經被我鎖上了記憶。

為了這次的聚會，我特地上去稍作整理，天花板凹陷、泛黃壁紙、牛皮沙發椅滿是斑駁痕跡，顯露歲月的流逝。

此時，我竟然有些許的緊張。那兒，太簡陋了，於是特地放置一大盆黃金百合，希望花香可以些許填補我的忐忑。

這個可以容納30或更多人的加蓋頂樓，已經空虛太久了。

一人一菜，加上自製水餃，湊和著共食，吃，不是重點。

小學妹婉柔今天居然自己跑來了，好似永遠在她身邊照顧她的母親，剛好參加了其他活動。於是，她帶了數盤水果來到我家，一起學習包水餃。

「好好玩呢！這是我第一次包水餃耶！」她說。

幾位姊妹各自展現自己獨特的水餃風格，婉柔就在一旁學習捏著，我拍下了她人生第一次包水餃的照片，傳給她母親，還有群組中的姊妹們。

我的女兒為我們煮了鍋香噴噴的香菇雞湯，她的貼心，得到姊妹們的讚賞，可是，女兒可不是一個會跟長輩們有良好互動的年輕女孩。

當天，我對她說了：「這位婉柔姊姊才 30 歲！」女兒對她，於是有了些特別的感受，有別於以往的漠然，多了一些溫度。

生命可以影響生命，這句話果然不假。

聚會告一段落，有人陸陸續續離開了，有些姊妹留下來幫忙善後，好笑的是有人在離開之後，才發現假牙包在衛生紙裡，最後還是在一包沒被丟棄的衛生紙簍裡找到。

實在是相當有趣，卻是真真實實上演的故事！鮮活的人生，永遠都有趣味，什麼事情都可能會在下一秒發生。

婉柔在客廳坐著，抱著紅色愛心的靠墊，說要和我及家中的大熊合照。

說實在的，她真是個非常美麗的女孩，因為些許的聽力障礙，更讓人心生憐愛。

家中沒客人，門壞不必修

返家後，她母親特地打電話來道謝。

「婉柔今天很高興，謝謝妳們照顧她，可是她說妳家廁所沒有門！她上廁所很緊張，我想這怎麼可能，回來講給我們全家聽，沒有人相信啊！妳家廁所真的沒有門嗎？」她狐疑地問著。

「大姊，是真的啊！我們家廁所沒有門。」我斬釘截鐵地說。

「為什麼？」

不為什麼，因為我們家通常只有我一個人啊！

當前夫離開家的時候，我一個人不敢讓外人來修理家中壞掉的東西，時間久了，門自然也就壞了，用一個浴簾遮掩，對我來講相對輕鬆。

「因為家裡沒有客人的習慣，所以我家真的沒有門。」我認真的回答。

婉柔媽媽笑了，也因為知道了這段過往，之後，婉柔比之前更常跟我聯絡了，通常在半夜，當她疼痛到睡不著的時候。

　　「於廷姊，妳一定要好好照顧自己喔，我跟我媽媽都很愛妳！」她語調輕柔地說。

　　半夜傳這樣的訊息，可是會惹人疼的……，我心想。

　　「哈！謝謝妳們兩個愛我，於廷姊就是這樣才嫁不出去啦，因為愛我的都是女生。」我搞笑回應。

　　「哈！」她也同我一笑，「妳跟女兒都很漂亮，一定有機會的。」

　　「很痛嗎？」我回到她身上迫切的問題。

　　「嗯。」她說。

　　「要不要叫媽媽起來？」

　　「不了，她一直照顧我，已經很累了，讓她多休息一會兒。」她體貼地回應。

　　「於廷姊，媽媽說妳很靈巧，也會做事情，要我向妳學習，我也很想要像妳這樣，但是我的身體不聽話，皮膚上現在到處都是……，其實我好害怕……。」她的聲音略微顫抖著。

粉紅心事，藏在內心的溫柔

　　在情感上一度嘗到失落的婉柔，和我有一點點相似的背景，不同的是，她仍未婚。

　　「想見他嗎？」我試探問著。

　　「想，但媽媽說不要。」

　　「那妳自己怎麼想？」

　　「我還是聽媽媽的好了，媽媽很辛苦。」

　　「於廷姊，妳知道嗎？對我來說，妳就像是粉紅色的玫

瑰一樣。」她音調一度揚起。

這個形容嚇得我一身魂都快飛了，這一輩子沒有人說過我像粉紅色。

「為什麼？」

「因為妳對我很溫柔啊，就像粉紅色的玫瑰一樣。」婉柔細細說著。

「呵！不是我想的紅或紫，而是溫柔的小粉紅耶。」我驚訝道。

「我倒是覺得妳屬於香檳色，優雅的、淡淡的、柔柔的模樣。」我也形容她。

「真漂亮，對了，於廷姊，我睡不著的事、想念他的事，妳不要跟媽媽說喔。」她有些急了。

「嗯！」互道晚安之後，我們都期待下一個深夜的溫柔對談。

這個貼心的孩子，我發自內心地疼著，愛著。

幾週之後，和兩個姊妹前去探望婉柔，她的身上貼了兩大片的止痛貼片，看著看著，於心不忍的疼痛，更加沸騰了起來。

心裡有些什麼預兆，在她允許下讓我拍了照片，還用手機錄下了她對母親、家人、疼愛她的姊妹們，說出感謝的影像。

一早清晨，她母親打給我。

電話那頭哭著，我便說知道了。

「婉柔走得很漂亮，很突然，就在要回診計劃中，才走到中庭，人就暈過去了……，躺在我懷裡，再也沒有醒來了……。」母親開始嚎啕大哭。

「她很幸福，現在再也不會痛了，婉柔媽媽，我知道妳

很捨不得，但她真的辛苦太久了，妳想想有多少人可以像她這麼幸福，出生跟離開都在母親的懷抱裡？」我安慰著她。

　　姊妹玉珍前往參加她的告別式，我委托她幫我買上一束香檳色的花，供在她面前。
　　在家裡，我點上了紫色的燭光，帶著祝福她去遠方旅行的心，送上告別。

雨停了，我還在……

　　「她是生來報恩的孩子！」我說。電話中，婉柔媽媽哭了多久，我就陪伴多久。

　　生病前，認真工作，也認真規劃了保障自己的醫療保險，讓自己生病時，至少沒有造成家裡額外的緊急負擔。離開之後，還能夠以受益金讓母親四處遊走。

　　這個故事提醒著我們，為了不造成家人的麻煩，病前與生前的投保與理財規劃，也是相當重要的一環。

Part 4

此生借過，
我在人間癌關行走

走過生病歷程，蛻變成為一名志工助人的角色，在
每個陪伴的經驗中，看見更多溫暖美好的生命火光。
「聊心的交給我，醫病的交給專業醫生！」服務圓
夢的過程，我幫到的不只是別人，也藉此彌補過往
需要幫助的自己，希望更多受傷的心，受到愛惜，
得到力量！

01

倔強靈魂，
請好好疼惜自己！

我心痛，即使努力說服
依然無法改變她的決定
「我要當自己的主人。」
自有考量的她，如此說著
我只能陪伴，無法改變

3 年多前，我在乳房外科門診的外頭，遇見淑敏。

剛剛確診乳癌四期的她，骨頭轉移。

「接下來，我應該怎麼辦……？」她沒有哭，只是靠過來詢問。

「應該立刻接受醫生的建議：手術，並積極治療，特別是三陰性。」我緩緩告知她。

隨後，發現候診區有位同為三陰型的姊妹，我讓她們互相認識，希望藉此有一個互相支持的陪伴力量。

拒絕手術，卻誤信偏方

只是，愛美的她，拒絕手術。

於是，開始了化療的歷程。

其間，比較資深的姊妹，還有醫院的醫護系統，以及我，都不斷地遊說，請她立即接受手術。

即使胸前的腫瘤已經跟碗一樣大，倔強的她，依然拒絕。

她只是拉著我的手去觸摸，同時讓我摸摸腋下像是鴨蛋一樣大的腫瘤。

我心痛，即使努力說服，依然無法改變她的決定。

「我要當自己的主人。」自有考量的她，如此說著。我只能陪伴，無法改變。

她的家人為她求神問卜，說她的貴人方在另外一家醫院。

於是，她轉診去了離我比較遠的其他醫院。

我們的聯繫卻從來沒有間斷過。一次，她對我說起：「住院化療的過程，聽見癌友之間的傳聞──喝菱角水會好！」於是，她買了好幾箱。

隨後又聽說：「吃了某種草藥會好！」她又自己當起了神農氏。

儘管胸前腫瘤因為化療，開始稍微縮小了一些，卻在醫院對她下「最後通牒」，希望盡早進行手術，她還是──逃開了。

經過一段時日之後，不得已的她，又回到了醫院。

可想而知的結果，腫瘤只會更大，不可能縮小。

最後，終於不得不開刀了，因為傷口很大，只得取用身體其他部位來填補那個很大的傷口，導致持續發燒，在醫院整整住了一個月。

一連串考驗，病情急轉直下

接下來，依然在化療中度過。

然後，就聽到另外一側又摸到硬塊了，皮膚上也有了⋯⋯，肺積水了⋯⋯，腫瘤破了⋯⋯。

我相信看到這裡，姊妹們一定可以感同身受我的痛苦。我無意造成大家的難過，但我希望這個故事，可以提醒想要偏離治療的姊妹們，清醒的面對自己應該要接受的正規療程。

就在康復幾乎已經沒有希望的情況下，她的家人委託我跟她聊聊安寧緩和醫療。

「進入安寧，等於承認失敗了，我不願意！」她倔強地說，撇過頭去。

兩週過去了，卻接到她氣若游絲的電話，平靜地與我告別。

「我要告別這一輩子美好的緣分，我愛妳。」她說。

「我也愛妳，祝福妳在下一站的靈魂旅程，遇見幸福。」我很平靜地聽她說完，表示理解她的放下。

她是最疼愛我的姊妹之一。

　　儘管符合所有人預期「好女人」代表的她，很顯然地，卻虧待了自己。

　　「人生到底為著啥？」黃土一杯，疼我的她採用樹葬，暫居在此。這裡，不是歸處。美麗的妳，終將化為塵土，不留絲毫痕跡。

　　和病友道別，這並非第一次，但這是第一次沒有眼淚，沒有悲傷，沒有波動的情緒的告別，卻也因為她的勇敢，令人心疼。

　　再見了，我的天使。

雨停了，我還在⋯⋯

　　這個世界不會因為少了某一個人有所不同，天地依然運轉。只有自己，最珍貴！因此，請務必好好愛惜自己。

　　寫下這個陪伴故事，想要分享切勿放棄正規治療，同時再次提醒自己：「只有活著，才有可能完成自己想成就的事。」除了活著，情愛恩怨、是非對錯，什麼都是假的。

　　相信遠方，相信自己，致自由人，致勇敢又纖細的姊妹們！

02

一起過生日，
活著就值得慶祝

示弱並不可恥
自己的心有沒有還是感冒
再也沒有一個人
比我們更了解自己了
所以不用活在別人的期待中
這是讓自己心理
可以比較健全的方式

「單純才是幸福。」我說。

「是啊，我期待著妳的書……，於廷，我可以看到怎樣的妳？妳所謂的簡單，其實是經過複雜的過程內化後的精選，並不簡單哦！」她回覆。

「現在的雲淡風輕，是承受許多艱難後，放下許多才輕的！」我說。

「工作的壓力與生病的壓力不同，生病壓力大多囉。」她答。

「即使沒有生病的人，生活也有著磨難，大家的功課都不同，沒關係，誰都不用羨慕誰，重要的是都善待好自己吧！」我說。

脆弱的心，卻有極強修復能力

34 歲生病的她，5 年後轉移到肝，目前用最新的藥，每 21 天就要花費 17 萬。

沒有任何保險，父親為她支付所有醫藥費，因為她生病，我邀請她帶母親前來作檢查，母親竟然也中獎。但是母親選擇不做化療，目前安好。

大年初四，我和她有場咖啡約會。

佳琪身為一名優秀的商場女主管，一直不能接受現在正是打拼的年紀，卻沒得選擇地必須接受治療，暫時放棄不錯的工作與待遇。

咖啡時光，一路聊到我的志工服務，我脫口說了：「醫院是我的道場，我已經不是醫院的志工了，但我是很多人的志工！」

「於廷姊，因為妳過去累積的努力，所以才擁有黃金人脈，可以發揮妳的影響力！但是，我和妳不同，職場才是我

的道場！」

她的話，倒是提醒了我：「你，是自己一輩子的志工。」

記得，有位四期患者打電話給我，詢問如何取得營養品，我們順心聊了一下。

她說：「某個程度，真的不能不承認，妳的心很脆弱，很容易受到感動耶，就像是打破的陶瓷花瓶一樣。但是，每當妳遇到挫折，妳的修護能力又強到彷彿這些事情從來沒有發生過。」

因此，她對我下了個結論：「在人群中，自然而然的就會看見妳，即使妳很嬌小，但散發出的能量，讓人不容忽視。我只能說，妳真的是個堅強、超級有韌性的女人！」

允許自己脆弱，不要害怕尋求幫助

其實，我並不在意別人如何看我，我把醫院當作道場，人間視為修行的地方，經歷癌症的淬煉，今日蛻變成為一名志工，在每個陪伴過程中，看到生命的火光。

我幫到的不只是別人，也藉此彌補過往需要幫助的自己，希望更多受傷的心，受到愛惜，得到力量！

學習邁向健康，是一輩子的功課，同時允許自己脆弱，不害羞的尋求幫助。

在罹患癌症初期，我的內在受了重傷，不是因為癌症，而是婚姻挫敗。

我知道，以我自己的能力，無法幫助自己站起來了，所以當時曾經看過三次的精神科，請求專業協助。

我不能確定那些藥物，是否對我有十足的幫忙，但專業醫師的聆聽，讓我可以從悲傷沮喪中快速得到復原的一個方法。

　　我想再次說明：「示弱並不可恥。」癌症病人通常都很《一ㄥ（矜持），這門功課就是要我們重新打破自己的舊思維，改變自己《一ㄥ的特性。

　　懂得在自己無能為力的時候，請求外力協助的勇氣，值得好好的讚揚自己一番。

　　有許多人說，人生勝利組沒有罹患憂鬱症的權利，其實並非如此。

　　自己的心有沒有罹患感冒，再也沒有一個人比我們更了解自己了。所以不用活在別人的期待中，這是讓自己心理可以比較健全的方式。

　　有智慧的高僧或許可以不為俗務煩惱，但身為凡人的我們，畢竟還有七情六慾，所以沒有情緒可說是騙人的事。

　　只是如何把負面情緒快速整理成為正能量，就是一輩子的功課了。

一次生日，一束花的祝福

　　1月6號，我和秀玉姊提早幫卉蓁姊過生日，剛好1月7號是我女兒的生日，所以也一併邀請她參與。

　　因為老媽我最近很少出門，所以指定由女兒前往花店選購一束，送給卉蓁姊。

　　在挑選的時候，她有些猶豫的在紅、紫之間做選擇。

　　最後，她選擇了一大束的紫色桔梗、潔白的百合、粉紅色的玫瑰、粉白色的繡球花，結合而成一大束美美的禮物。

　　女兒一直受不了我們這群歐巴桑，為何每次生日為一定要有一束花？

　　送花緣由很簡單，因為三人當中屬我最浪漫，我最喜歡花，當時秀玉姊有朋友在大雅開花店，她就順道綁了一束送給我，當作生日禮物。

　　卉蓁姊說她不是浪漫的人，沒有特別喜歡花。於是，一

起過生日的頭幾年，生日禮物有花可捧的人，就是我跟秀玉姊。等到 N 年之後，卉蓁姊覺得生日抱著花拍照，也挺棒啊。

所以，變成了「生日必有花」的傳統由來。

有一回，卉蓁姊拿起自拍棒自拍，居然可以在旁邊玩快一個小時，然後不斷地笑場，成了記憶中最深刻的一個生日。

就因為那樣天真的笑，如此純真，如此簡單。

曾經有過一段時間，我想要改變這樣的傳統，省略送花這件事。

「哎呦，我們就這樣順順地走了 10 幾年，不要改變啦，順順地平安的就好。」卉蓁姊說。

卉蓁姊是第三期，我跟秀玉姊都是二期淋巴感染，能夠在三個人都曾經有過一個不美麗的狀況之下，還可以這樣一路走過 10 幾年，這可是天大的賞賜和恩寵！

我們曾經度過一起進診間的日子，有些乳房外科的醫生早已離開所屬的醫院，我也就順勢將後續追蹤的重責大任，交付給放射腫瘤科的梁基安主任，從 35 歲一路到 52 歲，梁主任竟然參與我的生命幾乎三分之一的幸福歲月。

我們能一起過生日，買花慶祝，健康活著就是一份最好的禮物！

「我們到底怎麼認識的？認識了多久？」隨後一起用手指頭細數起來。

最後，認識的點記得了，空間也記得了，但是在換算的過程裡面，我們又笑場了，因為卉蓁姊兜不上相遇的時空背景……。

「真的忘記了……，太久了。」她說。

「我們變成越來越有智慧的人了！」我說

「為什麼呢？」

「因為聰明是天賦啊，忘記是智慧，我們忘記了，所以就變成有智慧的人了！」

「哈，好冷。」大家一陣歡喜。

我為這樣相伴 15 年的簡單幸福，內心充滿無限的感恩。

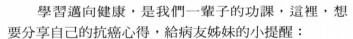

雨停了，我還在……

　　學習邁向健康，是我們一輩子的功課，這裡，想要分享自己的抗癌心得，給病友姊妹的小提醒：

　　一、一定要依循正規醫療。

　　二、改變思考跟維持規律作息。壓力太大、作息不正常確實是容易誘發癌症的因子，必須盡量避免。

　　三、不要相信偏方，以及所謂的保健食品。

　　四、維持良好的運動習慣。

　　五、常保感恩的心，凡事謝天。

　　六、允許自己脆弱，不害羞尋求幫助。

03

我和自己的身體，
相依為命

人可以騙人
可是，騙不了自己的身體
細胞會記憶，身體如意反映情緒
這個肉身，承載多少悲喜哀怨
忍不住像幫泡澡時那樣
擁抱它……

我是一個非常乖的病人。

從確診當天就排定隔天住院、後天開刀，我想這種勇氣並非人人都有吧。

治療當中唯一的叛逆

之所以決定這麼做，是因為當時最親愛的六舅舅罹患食道癌，但他沒有開刀，也沒有做化學治療。沒有多久，57 歲壯年的他，就這樣離開人世。

對我而言，一個愛我的人就此從人間消失。

所以，當我生病的時候，我只有一個信念，就是必須要馬上開刀。

化療之前，需要安置人工血管，排定門診手術，簡單局部麻醉後，依然清醒有知覺。

當醫生切開我的鎖骨下方時，依稀說了「血管很漂亮」，然後聞到一點點烤肉香⋯⋯。

接著，完成 12 次的化學治療之後，我的體重慢慢從 53公斤，一路掉到剩下 40 幾公斤，那個「突起物」就硬生生卡在穿衣服的地方。由於右邊手術局部切除，加上右側淋巴全部廓清，左邊因為異物，也無法靠著左側睡覺，所以在生活上產生極大的不便。

「我必須把人工血管除去！」這種情況之下，我對主治醫師說。

「這樣太不安全了，應該要放置 5 年，5 年的安全期過了之後再取出。」陳達人醫師當然不贊成。

「我自己會承擔去除後的後果。」我沒有辦法答應他，因為我的身體告訴我，對我而言，這個東西的存在已經造成了極度的不舒服。

某個程度，彷彿是這樣宣告著：「如果癌症再來一次，我也不要醫治了。」

結果，我真的如願在化學治療後就取出來了，當醫生告訴我，那個人工血管的長度達 22 公分的時候，只覺得個子這麼嬌小的我，怎麼可能放這麼長的管子在體內？也無怪乎，有著強烈不舒服的感受。

我很乖，即使是在心理強度已經無法再做化學治療的時候，我把陳達人醫師的話聽進去了：「我都還沒有放棄，妳怎麼可以放棄？」

於是，我乖乖地完成了。

電療，也在恐懼醫院的氣味下完成了。

5 年的抗荷爾蒙藥，俗稱「小泰」的泰莫西芬，我也乖乖地吃完了。（當時是吃 5 年，現今醫學研究建議使用 10 年比較好。）

所以，正規治療確實是相當重要的一環，藉由聆聽參與醫學講座，當一名有智慧的病人。

只是，抗癌過程中唯一的叛逆，就是任性地在化學治療之後，把人工血管取出這件事，這並不足以作為宣告，但這卻是我人生裡面做的重要決定之一。

我的身體，對我做出最真實的反應。

因為，這個世界上除了自己，還有誰能夠比你更了解自己的身體反應？

日常 nothing，誠實面對自己

2018 年，進入倒數的某天下午，突然感到焦慮，肌肉也很緊繃，我決定要走出門，前往平常習慣的地方曬太陽、踩

地氣。

　　天氣沒有想像中那麼冷，但我帶上穿了近10年的義大利黑色羊毛大衣，看著一顆高大的樹，期待可以像我喜歡的電影裡面的場景那樣，女主角聽著呼呼的風聲，仰著頭，享受樹與風撞擊時的美妙景緻。

　　女主角說：「這些樹好奇怪，它們彷彿什麼都知道……。」我特地放下已綁成丸子般的髮，讓自己更入戲。

　　是啊，抬頭望向藍天，這樹，就向藍天處延展。它，真的什麼都知道。

　　人可以騙人，可是，騙不了自己的身體，細胞會記憶，身體如實地反映情緒，這個肉身，承載多少我們的悲喜哀怒？忍不住像常泡澡時那樣擁抱它，呼呼——

　　我讓自己在剛剛整理過的草地上放聲唱歌，閉上眼睛，玩起信任的遊戲，在這一個水泥方塊到那棵樹之間約莫50步，練習這當中不睜開眼睛的抵達。

　　剛開始時，因為不安，通常在25步的時候，就會自動把眼睛睜開；現在，可以約莫50步時，才打開雙眼。沒有為什麼一定得這麼做，只是好奇自己對極限與未知的信任，是否如自己想像？

　　隔天，一位需要打停經針抗荷爾蒙（乳癌的治療方式之一）的女生，因為要告別和她相處了30多年的卵巢功能，千頭萬緒，一連哭了好幾天。

　　陪伴著心理專業背景的她，面對這一塊失落，聽見她親口言說的衝擊、失落、悲傷與面對，然後問：「妳，到底怎麼走過來的呀……？」

　　「就是深呼吸……呼呼呼，就像這樣啊……，呼呼呼。」我示範著，然後她就笑了。

　　「我就是試著感謝它，在我身體裡存在的時刻裡，現在針打下去，我也要好好的和它告別，道別它。」她話語中帶著淚說著。

　　「於廷姊，到現在經歷過這些事，突然發現，並不只是生病這件事而已，而是讓之前所學的專業，再重新翻攪整理過一遍。現在的我，應該更懂得將專業的心理輔導，增加了同理別人的能力。」
　　「柔軟心……，是啊！正是！」

　　想像著此刻的她，正在國境之南，就讓狂風也吹亂她的髮，狂妄的飄出風的線條。
　　我喜歡，相信她也會喜歡。

雨停了，我還在……

對於即將終止運作的器官，一定有好多離別的愁
緒，在心中翻攪。那麼，就好好地跟它道別吧！

我們和自己的身體相依為命，應該更誠實地面對
自己的每種感受。

就如同電療後的皮膚狀況，產生微微的脫皮，看
著新生的皮膚慢慢長出來，那些結痂正是蛻變的一環，
而且長出來的新生皮膚，粉嫩更甚以往。

如果沒有經過脫皮，是不是沒有辦法蛻變呢？轉
念之後，我們的人生也是種蛻變的起點。

04

「**癌**」有三口，
我的日常**抗癌**飲食

癌症的癌，就是病中有三個口
意味著許多癌症
皆由入口的食物相關
營養美食，其實沒有那麼難
好心情，也可以增加免疫力！

我的日常飲食，應該是一般病友們最想要了解的部分。

癌症的癌，就是病中有三個口，意味著許多癌症皆由入口的食物相關。

癌症三個口，飲食最需要留意

我並不是一位醫療專業人員，也沒修習正統的營養相關資訊。

所以，如果要了解營養專科，那麼請從醫師、營養師或專業書籍，來獲得更多正確的飲食調養資訊。

現在分享的內容，純屬於個人的生活作法，僅供參考。

◆ 發願吃早齋，自己煮地瓜餐

我從 35 歲生病開始，就發了一個口願——吃早齋，自始至今依然貫徹。

吃早齋是非常簡單的一件事，有時候是一杯 25 種無糖的綜合穀粉，有時蒸個饅頭、水煮蛋、茶葉蛋、綜合蔬菜手捲，也是常食用的選項之一。

平常喜歡黑咖啡的感覺，偶爾任性一下喝海鹽咖啡，對於加糖的飲料幾乎完全不碰，不是因為生病的關係，只是很單純的不喜歡而已。

無糖優格配上地瓜，則是常態，有空的時候，就自己上市場買地瓜，返家泡在水中 5 至 10 分鐘之後，再用刷子刷過，放平底鍋中，把水放到地瓜的一半處，然後用中火煮熟，收乾水分，自然而然就會有一點點糖蜜出現，然後就把它收在冰箱，備用。如果沒有空的話，就直接到專賣店或是便利商店買現成的，也是可以。

◆ 熱水煮果乾，當作生活零食

我會吃葡萄乾、蔓越莓乾，但是都會用熱水煮過一遍，去除果乾上面多餘的油脂，還有糖分（這部分應該很少人注意到）。

除此之外，不會一次煮太多的量，方便幫它們經過略略風乾，然後再收到小瓶子裡，存放在冰箱裡面，當成隨時的零食之一。

我吃綜合堅果，不一定買最貴的種類，但是會買不過度烘培、不加調味的品牌。

◆選好油，採用冷鍋冷油烹調

關於食用油，生病開始幾乎都使用花生油、橄欖油，後來發現到目前為止品質最好的還是──苦茶油。於是，我的使用油選項，就變成了橄欖油、苦茶油兩者交替使用。

苦茶油烹調食物，我會採用冷鍋、冷油，加上大量的薑，以及自己所種的辣椒，經過爆香之後，再用小瓶子裝起來，備用。

等到煮菜的時候，就在使用了 30 年的義大利品牌不鏽鋼平底鍋內，先放入洗淨的蔬菜，加入一點點水，等到微微冒煙之後，掀開鍋蓋，再加入一湯匙的苦茶薑油，略拌一下，我的菜就宣告完成。

其實，並不需要每次煮菜的時候都得爆香，一來既浪費瓦斯，二來也避免爆香過程中，增加吸收廢氣的機會。簡化爆香過程，絕對值得大力提倡！

◆西洋參補氣，煎魚不放一滴油

我會偶爾吃西洋參補氣（我的中醫師認可），但是不碰人蔘。

我會吃麻油雞，但煮法有異，也是以中醫師教我的方式：雞肉先汆燙過，清洗乾淨後，採用苦茶油爆薑，不過度焦化，隨後將雞肉放入，加水煮至軟爛，然後再加一點點麻油，一點點酒去腥。

如此，常讓乳癌病人困擾的能不能使用麻油雞，這事兒對我而言，並不困難。

冰箱中常有鱈魚和鮭魚，通常是先把薑鋪在底下，將魚置入後，加入一點點水、酒悶煮至熟，這樣可以把所有的魚湯精華全部入口，又不會吃到多餘湯湯水水，加入一點點胡椒，更能增添風味，營養美食，其實沒有那麼難。

家中常備鯖魚，平底鍋燒熱之後，不放任何一滴油，就可直接把魚煎乾，兩面煎熟，魚油再度吸收回去魚肉中，就可以加點檸檬，簡單吃就相當美味。如此一來，也不用吃到多餘的油脂，跟一般人理解的煎魚就必須要放很多的油，才不至於讓魚的皮肉分離，我的烹煮方式絕對顛覆制式思考。不過，值得各位嘗試。

◆ 蘿蔔加玉米，充當一天主食

我喜歡平常的時候煮蘿蔔加玉米、高麗菜，還有加入杏鮑菇，就可以當成主食。通常，一天之中，如果中午吃過米飯，晚上就可能吃一點點麵食。如果當天午餐吃得過度豐盛，像是 buffet 聚餐，晚餐就會只吃水果。

另外，我也吃泡麵喔！不過我會把麵體煮過兩次，然後調味包的那包油，絕對棄而不用。炸雞偶爾也會不忌口，只要量不要過多，偶爾滿足一下口慾，也可以讓心情變美麗，好心情，可以增加免疫力！

◆ 新鮮自己種，早上來杯溫薑茶

喜歡吃辣，所以自己種辣椒！

我喜歡新鮮的辣椒，加上一點醬油的味道。辣椒當中有著相當足量的維他命 C，其實癌症病人並不需要完全抗拒刺激的辛香料，而是端看怎麼食用它！

噢，對了，幾乎每個早晨我會泡杯薑茶，對，幾乎！把薑買回來之後，放在水中用水浸泡大概 10 分鐘，方便去沙，再用刷子刷過，切成薄片，拿到頂樓讓太陽日曬一下，然後就可以收到容器內，放在冰箱裡存放。

每天早上就拿 5、6 片，放在保溫杯裡面，注入 100 度的水，悶上半小時之後，就可以慢慢喝。這個時候的薑茶，喝起來是溫潤的口感，我個人相當喜歡。（各位癌症病友們，如果要食用之前，務必請詢問一下自己的中醫師，確認個人體質是否適合。）

因為我對油蔥（紅蔥頭）過敏，中式料理幾乎全有油蔥的調味，牛、羊肉也不敢吃，所以飲食上面就有很多的設限。

於是，相對等的食物、點心，可以的話，我皆自製。

除此之外，乳癌病人應盡量避免麵包、蛋糕，饅頭比麵包好一點，自製可以減少很多的添加物，也因為工程繁瑣，所以就會少做少吃。

運動，每日的必須小菜

平日，大約 5 點多就會起床，此時就可以在雞蛋花樹下進行拉筋，聽著音樂或演講，然後看著太陽升起，再來照顧我的花。

最近作息有點變化，所以拉筋改在室內進行，話說我的筋骨很軟，喜歡在壓力很大的時候，就把自己的身體拉到一個極致的狀態，可以讓情緒得到一個很好的舒緩。運動，成了每天的必須小菜。

然後，我會出門運動走路 30 分鐘左右，脫掉鞋子，在草地上面行走。

因為相信大自然能夠接地氣，同時消除負能量，在此同時，透過觀看自然的變化，調整自己的心情。

我喜歡在走路的時候，戴上耳機，可以和世界有個區隔，音樂陪伴我獨行。

我不喜歡有人作伴健走，有些事兒必須要和自己在一起，

自我完成，才能形成。

　　當然，有時候一路上遇到熟人會停下聊聊，但通常不會有一起走的這件事情發生。

　　現在的我，幾乎每天都會跳一個 6 分鐘的舒緩運動，然後再加上一個潘先生的有氧運動 6 分鐘。

　　運動前，記得先喝一大杯自泡無糖的綠茶。

　　我個人不喜歡白開水，雖然這是不對的事，但很難改耶。

　　我寧願隨便放一片香草或是檸檬，就讓我一點點的任性到底吧！

　　我希望，我的生命裡面能做得更多，而不僅是放棄。

　　也希望，一起享受日常裡的好食物，活出精彩的每一天。

雨停了，我還在……

　　母親在離世之前，曾說過：「人字只有兩撇，可是怎麼這麼難做啊？」

　　如同我們常常聽到「家家有本難念的經」，更多的領會是千人千般苦，苦苦不相同。

　　慢慢增長了年紀，不得不面對越來越衰弱的肉體，這麼多年來，看見所有離世姊妹就像示現的菩薩，彷彿是來教育我們要活在當下，珍惜一切。

　　從離人的殤中，在日常生活中，學習練就越來越強大的內在，還能找到生活之道，這正是功課。

05

體貼病人，
學習不打擾的探病

「探望幾次才是剛剛好？」
如果探望病人
可能只會為對方帶來風險
探病
是為了避免自己未來的遺憾？
還是一種真心理解後的陪伴？

剛剛做完放療的姊妹，突然想去看好朋友因為淋巴癌轉移而住院中的先生。

當探視結束之後，她突然覺得千頭萬緒，百感交集。

因為許多的記憶都回來了，許多的覺察也在此刻一一浮現……。

探望病人，該做到的貼心

她看見，病人比之前更瘦了，據說白血球剩下 500 或 600，感覺到病人的狀況並不好，照顧者的情緒被緊緊壓縮，她投射了自己，之後她也有可能變成像病床上的病人一樣，意識到了她有一天一定會走到這一步。

她也開始想起，沒有子女的她，跟先生的未來該怎麼處理？

她心疼她的好朋友，也就是主要的照顧者，於是她有了想再次探望的心念。

「於廷姊，妳怎麼有辦法持續這樣的探訪，而且這麼多年呢？妳到底怎麼走過來的啊？」她問我。

「為什麼想再去看他呢？妳覺得去探望幾次，才是剛剛好？去看他，對妳而言有什麼營養嗎？」我說。

「探望幾次才是剛剛好？」我再次詢問。

「妳不用把答案給我，但是請想一想，再跟自己說。」

她似乎意識到了，我想要提醒的是什麼？

是啊！在對方白血球這麼低的狀況之下，如果去探望病人，可能只會為他帶來風險，探病是為了避免自己未來的遺憾？還是一種真心理解後的陪伴？

換作是我，如果對方有請託、拜託些什麼，我會過去。

如果不是非常熟悉，假使沒有必要，在白血球這麼低的狀況，外貌也因疾病而變形的情況下，我認為應該尊重病人的尊嚴，應該取得同意的前提下，再去比較好。

「對喔，這個我倒是真的沒想過！」她說。

「經由妳的提醒，我才猛然想起，之前親戚住院的時候，因為想保有尊嚴，不便我們去探訪……。」

照顧病人，顧及尊嚴

剛剛路過敏兒的故居，很不意外地想起，當時連同兩位姊妹協助她送往急診的過程。

突然無法行走的敏兒，在等待兒子返家的過程中，急哭了，打了電話給我。

我連忙聯絡正好有休假的姊妹惠鈴，和感情極佳的寶珠姊，直接到她娘家將她半架半抱著送上車。

現在想來實在不誇張，個子極小的她，只能扶著牆壁，另一手搭著我以半蹲姿勢，才讓她有個依靠的肩膀緩緩前行。只是出大門口，換穿拖鞋到上車，這樣短短的距離而已，居然耗去將近 30 分鐘。

最後由惠鈴開車，我們一行五人往醫院奔馳而去。

到達急診檢傷之後，敏兒的兒子，還抱著尿片，些許茫然、不知所措地來了，隨後卻坐在候診椅子上滑起手機。

「帥哥，可不可以暫時放下你的手機，聽阿姨講幾句話？現在有幾位阿姨在這裡協助，但是等一下只剩下你一人，媽媽要去上廁所，你覺得應該要怎麼去呢？」我問。

「就這樣去呀！」兒子很簡單的回答。

「可是問題在於，你母親現在無法行走耶！在沒有辦法走路的狀況下，要怎麼進去廁所呢？」我有點怒了。

　　醫院的護理人員都充滿熱忱與優秀，但所謂的家人就是在需要的時刻協助照護，於是我讓這個孩子自己推著媽媽進去上廁所。

　　急診處裡面有一張輪椅，可以進入大廁所，這個男孩推著媽媽進去，幫她換上尿片，等到出了門口，已經是一個多小時之後的事了。

　　孩子的想法很單純，「以為」就這樣進去就好了。

　　然而，這個簡單的想法，足足用去了一個多小時。

　　曾經有過另外一個病人，臨時住院，因為失禁，家人尚未準備好住院用品時，就弄髒了衣褲，結果身旁陪病者一時半刻無法因應、不知求援，居然脫下自己的內著，就近方便處理了病人的困境。

　　但是這件事十足傷了病人的尊嚴，說起來並不光彩的事件，對於看著這篇文章的你，是否可以發想，如果這件事情發生在自己家人的身上，還可以怎樣應對與處理？

　　我相信，一定會有更好的作法。

雨停了，我還在……

　　探望，應該著重在對病人而言，究竟需要的是什麼呢？

　　從病人的角度出發，就可以知道突如而來的探望，有時候反而給對方造成壓力，也增加病人感染的風險。

　　此外，照顧病人是一件重責大任，也許有病友姊妹或醫護人員的協助，但是可以幫忙的事情仍然有限，病人若有家人的話，還是傾向於要引導家人妥善照顧病人。

06

以疾病為師，對醫學系學生上課

因為感動，因為經歷
因為挫折，因為樂於分享
在醫學系分享的機會增加了
我也因為被需要
而讓自己有了更多的練習

「如果交往多年的女朋友，罹患了乳癌，可能會影響生育，你會繼續跟她交往的請舉手！」

「如果你喜歡一個女孩，但那個女孩很誠實地告知你，她曾罹患乳癌，可能會影響傳宗接代，你會繼續跟她交往的請舉手！」

我不是老師，台下卻成了我的學生

以上是我在中國醫藥大學醫學系受邀演講，對學生們發問的問題。

從原先只有一兩位願意表達意見，到後來發現，願意跟癌症病友交往的舉手比例變高了。

此時，我會以 90 度鞠躬，對這些願意學員們表達感謝之意。

這個問題，我也想問問正在看著書的你！

蔣公說：「生命的意義，在創造宇宙繼起之生命。」

名人說：「尋找生命的意義，是件最沒有意義的事。」

我沒有特別去尋找，什麼是我生命的意義？只是走著走著，突然回頭去看的時候，欣見自己塑造了一個新的生命。

而這個新生兒，穿越自己的恐懼與障礙，敞開心，去環抱這個世界，爾後，世界的幸福擁抱了她。

探索與學習的過程裡，極幸運地遇到了之前擔任中國醫藥大學社工室——龍紀萱主任，記得那是一場癌症音樂會，當主持人靳秀麗小姐開口：「來！我們跟左右邊的朋友牽起手來！」此時無法與人觸碰的我，立刻說明了我的抗拒，龍主任非但沒有感到驚訝，還同理地說：「沒關係，我們可以不要牽手，但我可以給妳溫暖。」因為這樣，我哭了。

抗拒是因為恐懼，我害怕與人互動，源自於治療期間，先生情緒化的暴力，我不知道伸出手來，將得到傷害？還是得到愛？

未知使我恐懼，恐懼使我抗拒。

「我發現妳是可以主動跟人家握手，但是人家要靠近妳的時候，妳好像就開始逃離。」從音樂會離開之後，我和醫師朋友說起了這件事，他看出了我的抗拒，於是導引我。

「今天，妳的功課，就是和我們這個屋子裡面的每一位練習握手，以及擁抱。」

聽完這個指令之後，我都快哭死了，這裡有 6、7 位耶，但我沒有完成就回不了家。

我應該是在驚嚇中把事情做完了，因為他們就是這樣告訴我的。

經過幾次的練習，我比較適應了。

克服恐懼，成為舞台上的分享者

回過頭參加病友活動的時候，再度遇到龍主任。

我告訴她，我克服了恐懼的事，謝謝她當時沒有強迫我，而只是給我溫暖。

於是，拍下一張照片，寫下感謝的文字，也因為這樣，串起了我跟中國醫藥大學醫學系的緣分。

龍主任把我介紹給醫學系的許儷絹老師，讓我在病人的關懷與實踐課程裡面做分享。

第一次是 3 位病友一起參與，我在台上還是忍不住情緒，數度哽咽。

但一開始就堅持不準備底稿，隨興演出，就讓第一次的醫學院分享順利完成。

2009 年之後，因為報告異常，感覺又死過了一次，於是決定將我曾經感動的故事，以及因為得到愛而得到啟發的歷程，打算跟未來的醫生們分享，期待他們在對待病人的時候，可以遇見一個像我這樣的人，協助她，幫忙她，找到自己。

　　因為願意引導的起心動念，懂得的人就會自己前來尋找，那些不理會的人自然就會遠離……。

　　我期待他們在台下聽見我的故事，讓我曾經得到的愛，可以源源不絕的散發出去。

　　因為感動，因為經歷，因為挫折，也因為樂於分享，在醫學系分享的機會增加了，我也因為被需要，而讓自己有了更多的練習。

無袖衣服，只為展現歷史傷口

　　每一次參加生命教育的分享，不管天氣極冷或多熱，我永遠只能穿上無袖的衣服，只為了方便在課堂上現身說法，給醫學院學生們看見歷史的傷口——患部單側淋巴全取，胳肢窩凹陷的痕跡。

　　記得有一年 3 月，為了尊重來聽課的學生，特地做了美髮造型。

　　當日天氣尚有寒意，美髮店的老闆娘問我：「天氣並不熱，怎麼穿這麼少？」、「這樣才有辦法讓學生們看見歷史的痕跡！因為現在幾乎都先做前哨淋巴檢測，之後才做處理，所以現在淋巴全拿的人是相對少的族群。我幾乎算是乳癌治療進化史上，屬於歷史的產物了。」我回應。

　　後來老闆娘又說了：「陽光還沒有那麼熱，妳怎麼就那麼黑啊？」

　　哦，直接打中痛處！

「人們都說一白遮三醜，可我又不醜，做啥要白！」老闆娘被我的快速回應嚇了一跳，趕忙說著抱歉。

其實，一輩子的夢想就是「白」，甚至為了想要變得白一些，想過去打美白針，但醫生並不建議這麼做。

所以這輩子想變白，應該是機會渺茫了。

等到中午過後的課堂演講，台下學生們已經有點睡意，我就開口講了為了你們特別去整理頭髮，然後發生以上對話的故事……。

有些學生忍不住的笑了出來，許老師趕快接話：「哎唷，有人聽懂了耶。」

適時幽默一下自己，其實可以化解尷尬，雖然我不擅長做別人的老師，但分享自己的故事，又哭又笑，我還算是在行的啊。

雨停了，我還在……

　　學歷也許很重要，但是經歷相對何其重要。

　　我沒什麼學歷，但在抗癌路上，我是死過一次又一次的神力女超人。

　　因此，雖然沒有特別在追尋生命意義這件事上打轉，但我很深刻的感受，自己的生命歷程裡，總有未來的醫生們曾經跟我在醫學系的課堂上，我們相互陪伴了彼此生命中的兩個小時。

　　我以生病為師，以自己為教材，展現了生命的美好。

07

將妳的美，
穿在我身上

「把你破碎的心，化成作品。」
手鐲的裂紋就像是身上的傷口
我有傷口，也因為不完美
才造就自己擁有了美麗的人生

尋常人等看見我，通常都會投以注目的眼光，因為我的衣著比較「不一般」，但更多人不知情的是，通常我身上穿的衣服都是二手衣。

　　有些姊妹做完化療之後，體重無限上升，就會詢問我：「願不願意撿拾她們不能穿的舊衣服？」

姊妹舊衣，重新穿出自己的美

　　多年前，除了房子貸款，我還有一些基本支出，特別是生病過後，突然發現那些所謂「衣櫃裡面有人永遠少一件衣服」的事情，對我而言反而是種負擔。

　　所以，我就欣然的接受，姊妹們提供給我的舊衣服。

　　姊妹們都說，我穿起來非常的好看，原因可能在於我並沒有非常臃腫，於是可以取得的舊衣，遠比想像中的多。

　　最有印象的就屬惠敏，原先她以為我會介意，狠狠丟掉了3、4袋的衣服之後，突然開口問我：「可不可以去她家拿舊衣服？」我和女兒兩人欣然接受了，並且將她的衣服穿在我的身上。

　　我異常的興奮，因為她給我的時候，心意是發自內心百分之百的疼惜，同時體貼了我當時的艱難狀況。但我穿出她衣服的品味，某個程度而言，後來她離開了人世，但我延續她的品味，穿出衣服裡的美麗，不也是一種存在嗎？

　　當然有一些人，並不願意撿拾往生者的舊衣服，但我很想詢問：「當你在傳統市場當中，買到的衣服，難道可以保證全部是新的嗎？有沒有可能是往生者留下來之後，賣給回收商，重新整理過後，再由攤販售出呢？」

　　我個人並不抗拒穿別人舊衣這件事，因為我在延續著姊妹留給我的愛，並宣導環保的重要，資源再利用的概念，深深引以為榮。

　　如何用別人的舊衣服，重新穿出自己的美，同時，延續姊妹的關愛，提醒著不要再錯過自己的人生，成了一生最重要的事！

破碎的心，化做最美作品

　　「把你破碎的心，化成作品。」這是梅莉‧史翠普（Meryl Louise Streep）說過的一句話。

　　目前戴在我手上的這一個鐲子，是上游廠商朋友所送。

　　這個鐲子在他的櫥窗裡面已經寂寞很久了，許多人詢問，因為手圍很小，很少人戴得上，最大的阻礙正是有裂紋了。

　　一般認知，鐲子有裂紋就該捨棄不戴。正是因為裂紋，它成為我的禮物。

　　「要不要把裂紋處鑲上一小排鑽？」我問。

　　「如果鑲上則更突顯了原來的裂痕。」專業的他直搖頭。

　　我覺得很有道理。

　　這個裂紋就像是我胸口上面的手術痕跡，這是沒有辦法改變的事實。即使在疤痕上紋身，依然無法改變曾經是個傷口的實情。於是，他就將這份珍貴的禮物送給了我。

　　這一支貴妃鐲，上了我手之後就開始走色了，眼前的亮度慢慢地有了生命的層次。

　　我的醫師朋友看了說：「瑕不掩瑜。」

　　當鐲子戴在手上時，我也這樣認同我自己。

　　這一個裂紋就像是我身上的傷口，我有傷口，但因為不完美，才造就自己擁有了美麗的人生。

　　在工作專業的領域裡，也會建議別人不要戴裂掉的鐲，因為裂或斷掉，表示它幫你擋了比較不好的事。

　　但因為這支鐲，對我有著特別的意義，於是我願意開心

地把它戴在手上。

我不會否認它是只不完美的鐲，但對我而言，真正的不完美才是完美，我不用擔心它的價值超高而必須戰戰兢兢，我也不用擔心它的安危，如果真的裂掉了也就裂掉啦，此刻在我手上的鐲，還是人人讚嘆的美物！

鐲子，會自己尋找主人，而我們找到了彼此。接受自己的不完美，才是完美。

鬥魚的美，來自與生命的奮鬥

朋友親自繁殖的鬥魚，此時正在我的魚缸中悠游著。

喜歡牠的單獨，喜歡牠的慵懶，喜歡朋友贈予時的心意。

透過玻璃看著牠，總覺得與眾不同，卻說不上為什麼？

觀察了水族館的鬥魚，這才發現不同的是韻味。

飼養家說：「沒經過爭鬥的鬥魚，通常不會有分歧撕裂，而美麗的尾巴！」

我這才驚覺，牠仍擁有最原始的模樣，無需受傷的美麗，牠是幸福的。

曾經的我無知以為，牠，不夠漂亮。

人，也像鬥魚吧！

幸福的人擁有單純的人生，純真的笑，有著單純的美麗。

然而，我就像一隻已經經過生命纏鬥後的鬥魚。

我是傷過心的女子，生過病、失了婚姻，遇到生活中的種種艱難，你可能會看見我走出傷痛後展現的另一種風情，美麗，卻是傷痕累累的代價。

此時，與魚對望的我，不禁想問：「如果可以選擇的美麗，你期待你的會是哪一種？」

　　曾經，我試著將兩條鬥魚放在同一個魚缸裡。我，小小
的冒著險，將魚缸中的魚燈全打開，以防那條單純的魚遍體
鱗傷。

　　即使再小心看顧著牠，牠，果然還是受了傷。

　　尾巴已成了不規則的圖形，無法形容的殘缺，卻展現著
生命的美。

　　此時，在牠的同伴身旁，牠不再隱藏牠在灰黑裡的色彩；
牠的藍、牠的紫，如此的淋漓盡致，展現著極盡的美麗。

　　我看著牠，欣賞著牠撕裂的尾巴，不同於以往的「看見」，
有了故事的牠，帶著屬於自己獨有的印記。

　　「美麗必然帶著傷。」我說。

　　「受傷若別太重，只要能復原，都是好的……。」我想。

雨停了，我還在……

　　扭轉觀念，是一件非常不容易的事情。

　　如果我們要醃漬小黃瓜，以前的我會用鹽抓一抓之後去苦水，然後才開始加入其他辛香料。但是，現在的我會同時加入糖跟鹽，如此就可以減少一道用清水把鹽水洗掉的過程。

　　誰說去苦水的時候，只能加鹽呢？

　　加點兒糖，反而可以縮短，調味過程中的擠壓。

08

愛延續，
與**女兒**和解

故事聽起來真的很令人傷感
但妳媽媽的世界裡
這些都是真真意意上演的故事
差別在於，妳要買書才能看到
而我的世界裡
幾乎每天發生……

2018 年 12 月 19 日，女兒 Cindy 完成器官捐贈的同意書。

「能夠延續他人的生命，是很有意義的一件事，感謝家人尊重她的決定且支持。」她在同意書上這麼寫著。

我為她感到驕傲，也為自己感到驕傲，因為她的訊息來源就是我這個母親。

善良的孩子，因別人悲傷而哭泣

有一晚，她說要和朋友們一起去看電影，會晚歸。

隔天中午時分，她開口問我：「我的眼睛有沒有腫得像青蛙？」

「耶，真的像，怎麼了？」

「啊，不是昨天晚上跟妳說，和朋友出去看電影嗎？那個電影太可憐了，片名叫《比悲傷更悲傷的故事》……。」Cindy 開始播放音樂給我聽，當下沒有辦法仔細聽音樂內容，我家的酷妹，居然真的從頭講到尾，然後一直一直哭，並且訴說著她的朋友們一直笑她。

「有這麼可憐嗎？」

「啊就有啊！真的很可憐啊……」她繼續哭，「眼睛腫成這樣怎麼去上班啦！」

我立馬跑過去抱抱她，真心地，然後我也默默地流下了兩滴淚。

我心想，因為妳是善良的孩子，才會因為別人的悲傷故事而哭。故事聽起來真的很令人傷感，但妳媽媽的世界裡，這些都是真真實實上演的故事，差別在於，妳要買票才能看到，而我的世界裡，幾乎每天發生。

「哭完就好了，眼睛腫得像青蛙，還是要去上班啊！說實話又不丟臉，謝謝妳同理了病人的辛苦，談戀愛沒那麼容易，真的！」身為媽媽的我，希望她不要在情路上受傷。

遺棄妳的人不是我，開啟和解之路

罹患肺炎的老父親剛剛出院了，在照顧父親的疲累不堪之後，回到家，Cindy 突然一本正經地對我說：「媽，妳知道妳可以存活這麼久，是因為有多少人愛著妳嗎？」

「妳想跟我說什麼？」我著實嚇了一跳。

「我說的是真的，如果不是這麼多人愛著妳，妳沒有辦法活到現在。妳跟一般人的生活型態不一樣，如果不是有很多人包容妳，並容許妳的任性，妳真的以為妳可以像現在這樣自在？」

我沉默了……。

2014 年，台中市抗癌大使的活動跳上了奇摩首頁，記得 Cindy 當時寫下了：「媽咪，謝謝妳活了下來，並且做了這麼多有意義的事！」

我沒有辦法交集這兩件絕對矛盾，因此沉默了許久許久。

她開口問我：「妳生病的時候，為什麼要把我送回去外公外婆家？」

我正視著她：「因為當時我在做化學治療，妳爸爸離開了我們的家，妳要讀書，生病的我連自己都沒有辦法照顧自己，我怎麼照顧妳？謝謝妳現在這樣問我，才讓我有一個機會可以把話講清楚，我不誣蔑妳父親在妳心目中的所有形象，因為他已經死了，我不需要改變他在你心中的任何美好。」

「但我想要說的是，當時我病了，幾乎快死了，是我的家人，妳的外公外婆把妳帶到身邊來照顧妳，疼妳，愛妳。遺棄妳的人，是妳摯愛的父親，而不是我……。」

沈默的人，變成 Cindy。

原來這件事，深埋在她的心中整整翻攪了 18 年，今日，才終於冰釋。

18 歲離家的女兒，回來了！

2014 年，當選抗癌鬥士之後，台灣癌症基金會安排我們參加人間衛視的錄影，因 Cindy 曾在台北住過 5 年，對於路痴的媽媽，她決定投降於用文字或截圖訴說的方式，直接帶領著我，前往對我而言相對很難的遠方，並一肩扛起我那大包小包的行李，包括一雙最重要的高跟鞋。

正是因為得獎故事裡頭，篇名就叫做〈聽高跟鞋在跳舞！〉。

抵達電視台，她就陪在一旁。

看著我梳化，直到進入攝影棚，原先我希望女兒在攝影棚外面的螢幕上，就可以看得見我的訪談，沒想到她執意進入，或許是好奇吧。

人生，並不是每個人都有機會擔任受訪者，她也就有了第一次進棚的機會。

記得燈光非常明亮，攝影棚的中央裝置的電視上，有一張超級肥胖的大嬸照片，於是，一進棚，我就大笑了好久，並說：「哈哈哈，這張照片要從頭放到尾嗎？不會吧，真的要這樣嗎？」

隨後，又笑了好久。

美麗的主持人李珮甄小姐笑著說：「沒見過人家這樣開場！」

照片與本人差異太大了，很難相信啊！呵，凡胖過必留下痕跡，我接受不同時期的我都是自己的真實。

正式錄影倒數計時，我決定放下我的頭髮，因此把髮圈丟給站在攝影機後的女兒，開口說：「Cindy，等一下妳將會聽到我提及和妳父親之間的事情，可能跟妳認知世界裡的爸爸不一樣，但是，這是我的人生，我選擇說實話。如果傷到妳，

我很抱歉，我要實話實說。」

　　同是本集受訪者的癌症基金會腫瘤心理師──史莊敬先生，和主持人珮甄小姐驚訝於我的說法，認為正式錄影前幾秒鐘，我對女兒說的話，是一般人所無法理解，對於女兒內在衝擊的體貼。

　　相當順利地完成第一段，我的眼角瞄到女兒在後方用手機拍攝我的照片，攝影機後側的她，伸起拇指比劃了個讚，我知道她為我驕傲。

　　順利錄影完成之後，在電視台前大樓，她為我拍下一張照片留念。

　　在走向台北車站的路程上，她買了杯咖啡給我。我的行李，依然在她的手與肩上。

　　「媽媽，妳都不會怯場喔！都沒吃螺絲耶。」她問，

　　「我只是講我的過去，為什麼需要膽怯？」我微笑。

　　「只是，剛剛講的內容應該有讓妳驚訝吧，對不起，對於妳內心的衝擊，sorry！」

　　「還好啦。這可不是一般人的經驗，媽媽，妳做得很好。」她說。

　　手上那杯熱呼呼的黑咖啡，沒喝完它，只是依戀著咖啡的溫暖與香味，還有 Cindy 牽我手心的溫度。

　　那個 18 歲就離家北上工作的女孩，這才真正回家了。

　　突然想起了獅子王的故事──

　　小獅子問母親：「幸福在哪裡呀？」母親說：「幸福就在你的尾巴上啊！」

於是小獅子拼命地繞圈圈，拼命的繞圈圈，繞到頭都暈了……。

「媽媽，我找不到幸福。」

傻孩子啊，只要你繼續昂首向前，幸福就會一直跟著你呀！

這也是我想要對女兒說的話，也期盼天下兒女心，都能夠知道並感受到媽媽的愛。

幸福，就在不遠。

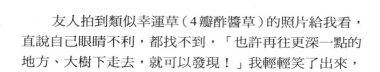

雨停了，我還在……

友人拍到類似幸運草（4瓣酢醬草）的照片給我看，直說自己眼睛不利，都找不到，「也許再往更深一點的地方、大樹下走去，就可以發現！」我輕輕笑了出來，走得更深，更不可能找到幸運草。

因為幸運草通常會出現在陽光比較充足，特別熱的地方。幸運草並不是想傳達幸運的意念而生，而是一種為了生命存活而產生的熱異變，於是，或許有4瓣、5瓣的葉子，最多還曾經發現過7瓣。

我看見幸運，也想把這份幸福持續傳遞出去。

我終於活到做阿嬤了！

咪寶，是牠媽媽，我女兒 Cindy 給牠取的名字。

是的！我是兔子的阿嬤惹。

50 年的好朋友素貞，則給牠個小名叫黑嚕嚕、小鮮肉。

留下來的是兔子，而不是一個孫子

咪寶，並不是我期待中的孩子。

因為我覺得人生已經夠忙碌了，沒有想到要再養一隻寵物之類的。

繼之前的兔寶波波之後，女兒其實跟我商量了很多次，我始終不同意，因為看過女兒對於前任兔寶波波成為天使之後的撕心裂肺，我不想要她再承受一次。

「妳的病友一直離開，妳不也是越來越堅強？」她說。

「是，是這樣沒錯。」

可是我想要出門的時候，心中不要有掛累，我想要遠行的時候可以自由自在。

女兒朋友送了這隻小兔崽子，我心裡一點準備都沒有，牠就這樣被帶回家了。

因為身體有病，所以女兒帶去看獸醫，獸醫說「她」是小女生，女兒就買了很多粉色系的衣物給兔女兒，而我這個一直不能接受的阿嬤，只好努力地催眠自己，還好女兒的朋友留下來的是兔子，而不是一個孩子。

這隻兔崽子，真的超級乖巧，有固定上廁所的地方，就是只有在廁所，還有自己的籠子。我相信貓、狗可以這樣訓

練，可我家兔崽子是自己自然而然這麼有規矩。

我不禁想著，是不是因為牠知道我其實並沒有這麼接受牠，所以自律的做好可以被接受的樣子，我才有辦法寵牠？

在女兒跟獸醫細心的照顧之下，牠慢慢地長大了。

其實牠有一個非常美麗的五官，只是因為毛色全黑，一身黑嚕嚕，所以很難得見全貌，咪寶，有些「娘」的名字，可是，有著貴族般的氣息，沉穩的氣質。

當牠長大成兔之後，赫然發現「他」竟然是男生，不是女娃兒。

牠媽媽我女兒超級崩潰，因為那一大堆的粉紅色系，該怎麼用在男神身上啊，哈！

兔崽子，貼心得不像隻兔子

記得有次，我去運送給病友資源的時候，前端就看到車禍事故，從我的眼前飛過，如果差個一秒鐘，應該中大獎的人就是我了。

當我驚魂未定的回到家，不敢去抱兔子，因為不想把情緒波動帶給牠，沒想到咪寶自己跳上了我躺著的紫色沙發椅，然後開始舔我的額頭，足足有 2、3 分鐘之久。

我真的非常訝異，並且趕快用手機把它錄下來，當時我告訴咪寶：「好了好了好了，我沒事！」然後謝謝牠。

還有一次，我為了和女兒不開心而落淚，咪寶居然從我的手指頭一直舔我，一直舔到我的臉，這個舉動真的是嚇壞我了，彷彿真能覺察到我的心情不美麗，貼心得不像兔子。

當我每天跳 6 分鐘有氧的時候，牠會在我的白紗窗簾裡面繞，或在一旁陪著我，當我拉筋的時候，牠會在瑜伽墊旁

邊靠著我的頭。

　　有時候我在房間，牠會在門口抓著我的門，然後就進來陪我。

　　比較特別的是，牠特別喜歡我們在試穿蕾絲禮服的時候，會在眼前跟進跟出，超級入戲。

　　女兒嫉妒咪寶跟我比她更為親近。

　　也會吃醋在大地震的時候，我是跳過女兒，然後先去看咪寶有沒有受到驚嚇！事後女兒才承認，其實咪寶是她在寵物店看到因為生病，即將被送回繁殖場被處理掉的兔子，因為捨不得，就決定把牠帶回來救治。

　　「謝謝你來到我們家，做我的乖孫子！」

從寫書開始，身陷水深火熱欲罷不能

　　說完兔子，要感謝自己一字一句完成這本書。

　　這本書的出現，如果照邏輯想想，應該是一位美美的歐巴桑，來到陽光灑落的小小咖啡館裡，從容的坐在電腦桌前，優雅地喝著咖啡，時而望向遠方，時而低頭落淚，偶爾停頓下來發呆，品味一下一口冷掉了的咖啡……。

　　理所當然，應該這麼完美才是。

　　可這本不是喔，電腦打字，我沒有那麼在行，

　　對手指紋已經變得很薄、幾乎難以辨識的我來說，使用手機也變得相對艱難。

　　我的右手淋巴全部切除，所以即使可以坐在電腦桌前，用電腦鍵盤敲打著我想寫的文字，也會造成右肩頸的僵硬，手肘處的緊繃，嚴重的時候，也會難以動彈。

　　於是，在別人認為很簡單可以處理的狀況下，很笨的我，

只能使用手機的 Siri 功能，說下我想寫的內容傳送到電子信箱裡。

這個美美的歐巴桑穿著紫色或是粉色睡袍，然後或躺或臥的在自己的床上，對著小小的 6S 手機，像是神經病一樣的一個字一個字地說話，然後完成這本書的所有架構。

我跟女兒說不要進來看我，這樣會打斷我前進的思緒。

房間裡面有香氛精油，有不停播放的音樂，還有不知道什麼時間睡著和醒來的反常，外帶一大包的衛生紙，方便在我哭的時候，濕透的不只是我的枕頭。

大家都說我瘦了，身材變好了，因為我知道目標在前方，我沒有辦法好好的吃，沒有辦法正常的睡，我只看到照片上的我，確實是憔悴了。

非關他人，只關自己，看見了我當下的狀態，決定出去曬曬太陽。

拍了幾朵不同顏色的花，分享給七成灰，八分藍的友人，希望我們的生活都因著花開而豐富。

最後，想起那個美麗的約定

一直記得，當時被醫生判定罹患惡性腫瘤的時刻。

我的前夫先行回家，告知我的母親和我的家人，我罹患癌症的事實，我的車正停放在中山堂的前面。

當先生離開，而我上車，我一眼看到了長得那麼高大，卻綻放著美麗黃花景象的那棵樹，心中真是萬般感觸，自己的心情那麼低落，怎麼會看到有一棵樹幹那樣的粗壯，卻能開放那麼柔美而飄逸的花朵？

這彷彿要告訴我一些事。

那個明亮彷彿像光線一樣耀眼。

我走向那棵不知名的樹，在樹下放聲大哭。

因為我不知道，我是否就會這樣死在手術台上？明年我還看得見這棵樹嗎？還能見到這些美麗綻放的黃花嗎？

　　於是乎，當我哭完了準備回家，我決定跟這棵樹有一個約定：「只要活著，每一年開刀的這一天——6月22日，我一定會來樹下看你，代表著我的生命之樹的阿勃勒！」

　　真的彷彿就是一場儀式。

　　每一年的3、4月，醫院轉角處就開始了一片金黃，當黃花雨落下的時候，我總是慶幸著我又多活過了一年。

　　泰戈爾說：「讓生時美如夏花，死時麗如秋水。」

　　我期待活著的每一天——有花、有詩、有遠方，最重要的是擁有自己。

　　與生命之樹的約定是對生命的承諾，謝謝它包容我脆弱的階段，見證我強大的現在。

　　如今，我要把這份約定，也送給閱讀著此書的你。

　　希望我們都能夠一起見證，這本用生命艱難寫成的書，如今呈現在你的面前，此生借過，很榮幸你也走進我的景深，讓我陪你一段，帶來希望灑落，陽光溫暖的力量。

預防醫學

預防重於治療，見微知著，讓預防醫學恢復淨化我們的身心靈。

逆轉營養素：
營養應用醫學診療室，
調理、改善大小毛病
的控糖筆記

莊武龍 醫師 ◎ 著
定價 ◎ 350 元

無藥可醫？《逆轉營養素》讓你不藥而解！不用藥的營養療法，不是什麼病都需要吃藥
吃下的食物，營養真的有被吸收嗎？代人的文明病常常是營養不均導致的，身體是好是壞，都是「吃」出來的。不再跑醫院，讓身體保持最佳狀態，從吃對營養開始。

說不出口的
「泌」密：
一本大獲全「腎」
療癒實錄

謝登富 醫師 ◎ 著
定價 ◎ 320 元

你有說不出口的困擾嗎？下半身紙上健檢，泌尿科健康全攻略
泌尿科權威醫師為你健康揭「泌」，急尿、結石、不舉、睪丸炎、攝護腺肥大、泌尿腫瘤的安心醫療！那些困擾日常生活的泌尿道大小毛病，漏尿、頻尿、攝護腺炎、腎結石、睪丸炎、不孕、性功能障礙、膀胱癌、上泌尿道尿路上皮癌……如今，通通有解！

戰勝頭頸癌：
專業醫師的全方位預
防、治療與養護解方

陳佳宏 醫師 ◎ 著
定價 ◎ 320 元

當頭頸癌找上門，就算有口也難言！嘴破、耳鳴、鼻塞、喉嚨痛、流鼻血……你以為的小感冒症狀，其實是身體發出的大醫訊！
台灣第一本全方位預防頭頸癌，健康首選專論，仁心良醫守護在側，預防頭頸癌從日常做起。

SIBO，隱「腸」危機：
終結 SIBO 小腸菌叢過度增
生，改善腸漏、血糖、內
分泌失調、自體免疫疾病

歐瀚文 醫師 ◎ 著
定價 ◎ 300 元

台灣第一本完整揭露 SIBO 小腸菌叢過度增生的臨床療癒專書
醫師、營養師的臨床案例醫療實證，錯誤的飲食習慣，最終將導致免疫系統失衡。腸道，是萬病之源！貧血、憂鬱、胃腸疾病、紅斑性狼瘡、荷爾蒙失調、甲狀腺炎、纖維肌痛症等……這些貌不相關的種種症狀，其實一切都是源於──小腸菌叢失衡在作祟！

國家圖書館出版品預行編目 (CIP) 資料

此生借過：人間癌關行走，陪伴姊妹們重生的志工路 /
賴於廷作 . -- 第一版 . -- 臺北市：博思智庫，民 108.09
面； 公分

ISBN 978-986-98065-0-3 (平裝)

1. 志工　2. 社會服務　3. 癌症

547.16　　　　　　　　　　　　　　108013059

GOAL 29

此生借過

人間癌關行走，陪伴姊妹們重生的志工路

作　　者｜賴於廷
主　　編｜吳翔逸
執行編輯｜陳映羽
美術主任｜蔡雅芬
美編協力｜黃逸飛

前折口照片｜Daniel Lin
後折口照片｜伊頓婚紗攝影禮服公司
攝 影 師｜楊志強
配合活動｜台灣癌症基金會 2017 年圓夢計劃

發 行 人｜黃輝煌
社　　長｜蕭艷秋
財務顧問｜蕭聰傑
出 版 者｜博思智庫股份有限公司
地　　址｜104 台北市中山區松江路 206 號 14 樓之 4
電　　話｜(02) 25623277
傳　　真｜(02) 25632892

總 代 理｜聯合發行股份有限公司
電　　話｜(02)29178022
傳　　真｜(02)29156275

印　　製｜永光彩色印刷股份有限公司
定　　價｜300 元
第一版第一刷　中華民國 108 年 09 月

ISBN　978-986-98065-0-3
© 2019 Broad Think Tank　Print in Taiwan

博思智庫股份有限公司

博思智庫粉絲團　Facebook.com/broadthinktank